おにぎりからダムまで

20兆円の入札ビジネス

株式会社ナビット代表取締役
福井泰代

二見書房

まえがき

入札は20兆円市場！

●もしもおにぎり5000個の注文がとれたら

おにぎり、トイレットペーパー、マスク、マイク、電池、電球、ファックス用ロール紙、アルバム……。

どれも身の回りに当たり前にあり、普通に流通している品々です。

こうした日用品が必要なとき、私たちは近所のスーパーやコンビニ、個人商店などに行って購入しますよね。

ところが、これらを国や地方公共団体が公費で調達しようとすると、一定の手続きを経て〝入札〟をおこない、これによって選定した納入業者から購入することになります。

入札といえば「建設業界のハナシでしょ？」とか「ウチには関係ないよ」なんて思っていませんか？

そんなことはありません。実はごく普通の業者や商店で取り扱っている身近な品々が入札の対象になっていて、そこには大きな市場が存在しているのです。

求められる商品は、多岐にわたります。先にあげたおにぎりやトイレットペーパー、電球等、細々とした日用品に至るまで、行政から大量注文されています。

「物品」だけではありません。たとえば庁舎の清掃業務、コンピュータソフトの開発、自治体の発信する観光広告の制作、イベントの企画運営などサービスの提供、いわゆる「役務」もあります。

小中学校の修学旅行、専用車の運転手の人材派遣といった案件も、入札情報として告示されています。

たとえば「おにぎり」で入札情報を検索してみてください。

小・中学校の運動会や、警察・自衛隊など、おにぎりの需要は意外と多く、何十件もの入札案件が公告されています。しかも、一度に大量の注文が入るのが入札の特徴です。

「おにぎり５０００個をこの日に納品してほしい」という案件に対し、もしあなたの会社が「1個70円で作りますよ」といって入札し、その値段で落札されたとします。

おにぎり1個の原価が30円だとすると、利益40円×5000個で20万円の利益を上げることができます。日々お弁当を原価計算ギリギリで販売して、小さく利益を積み上げている弁当業者としては、この利益はかなり魅力的ではありませんか。

こんなふうに、一見公的機関との接点など何もないような小さな業者でも、積極的に入札に参加して納入業者となれば、安定した収入を見込めるのです。

〝失われた20年〟と呼ばれる長期低迷期をようやく抜け、景気がゆるやかに回復してきたとはいえ、中小企業にとっては依然苦しい経営が続いているのが日本経済の現状です。

そして、日本の会社の99・7パーセントが中小企業です。どの業種もライバル企業が乱立し、品質競争、価格競争によって、ますます利益が削られているのが現状です。10年、20年、がんばってきたのに、売上げが毎年ジリジリと落ちている会社も見受けられます。

そんな低迷する会社の売上げを劇的に変え、なおかつ安定した利益増を見込める新しいビジネスモデル、それが〝入札〟なのです。

入札は、あらゆる業種の仕事が活発に流通している、国内最大規模の市場です。

経済産業省も中小企業に対し、積極的に門戸を開くようになっています。

●入札ビジネスに参入するなら今がチャンス

ところで、中央省庁、地方自治体、独立行政法人などが1年間に公示する入札情報の年間落札総額、ご存じですか？

なんと、年間20兆円以上にのぼるのです！　入札は、ベルギーやスイスなどの国家予算に匹敵する大きな市場です。にもかかわらず、入札が身近なものだと認識している中小企業経営者は、まださほど多くありません。

ほとんどの社長は、自社が扱うようなおにぎりやトイレットペーパーが、入札によって官公庁に納入されているという事実を知らないのです。

私が代表取締役を務める「株式会社ナビット」は、入札の可能性にいち速く注目し、この2年半の間にさまざまな案件を落札してきました。

そして、その成果にもとづき、全国の企業を対象に入札セミナーを開講するようになりました。

近年、入札をめぐる状況は少しずつ変化してきているのを実感します。

まだまだ全体数は少ないながら、入札に興味を持つ企業は増えてきているのです。入札セミナーでも、最近ではご案内したらすぐに満席になるようになってきました。

セミナーには、看板屋さんから、水道屋さん、錠前屋さん、広告代理店、スポーツ量販店など、さまざまな業種の経営者が殺到します。

そこでネット上で見られるオンラインセミナーも公開するようになりました。

数々の案件に入札し、各地でセミナー受講生と接してみて気づいたのが、案件を探すのがとても面倒だということです。そこで、常時８０００件以上の入札が調べられるデータベース『入札なう』という検索サービスを開発しました。現在では、たくさんの会社にご利用いただいています。

すべての企業に門戸が開かれ、さまざまな業種が参入可能で活況を呈していながら、まだ参入業者は少ない大きな市場。しかもやり方さえわかれば誰でも参加でき、そのためのセミナーやツールも整ってきている。

このような状況を考えると、物品や役務を提供できる中小企業にとっては、今がまたとない参入のタイミングです。

入札は、読者の皆さんが思っているほど難しくありません。

会社法人であれば、また個人事業主であっても、税金をきちんと納めてさえいれば、誰でもすぐに資格が得られ、入札業者になれるのです。

しかし、落札するためには、ちょっとしたコツがあります。その方法を詳しく解説したのが本書です。

現在の日本に残された数少ない先行参入可能な市場、それが入札。このビジネスが競争の渦に飲みこまれるまで、まだ時間があります。

ぜひ、この新しい収益源に注目し、あなたの会社の売上げを、一気に2倍、3倍に増やしてください。

おにぎりからダムまで 20兆円の入札ビジネス

目次

第2章　入札にもいろんな種類がある！

第3章　たった30日で入札はできる

第4章　入札成功のカギは落札情報にあり

第5章　こんな入札をしてはいけない

第6章　「こういうモノがあったらいいな」をカタチにする

応用編　入札成功の流れと秘訣

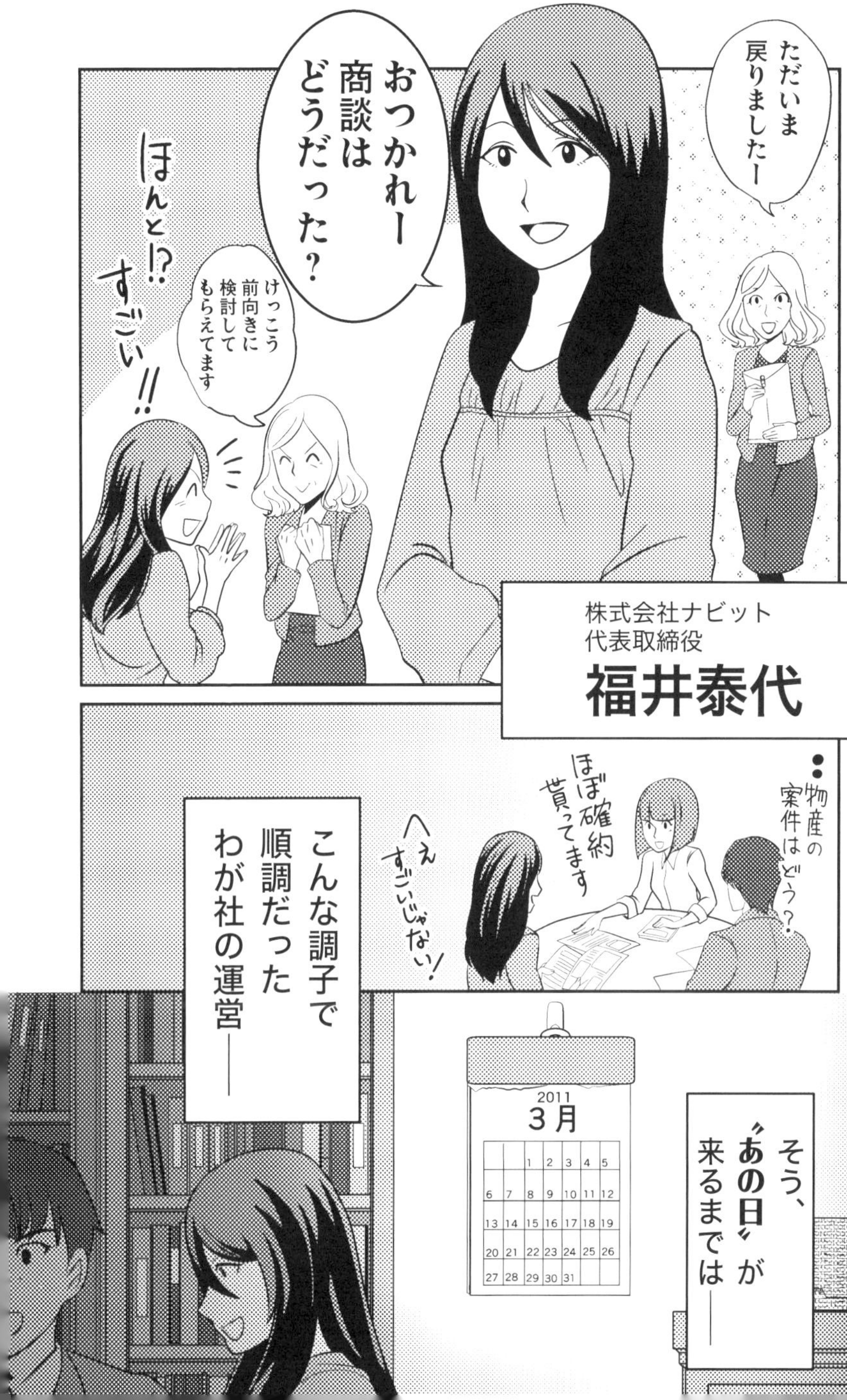

ただいま戻りましたー
おつかれー商談はどうだった？
けっこう前向きに検討してもらえてます
ほんと!? すごい!!
株式会社ナビット
代表取締役
福井泰代
…物産の案件はどう？
ほぼ確約貰ってます
へぇ すごいじゃない!
こんな調子で順調だったわが社の運営——
2011
3月
そう、〝あの日〟が来るまでは——

2011年3月11日—
○○物産の下調べしておきます
ありがとうよろしくね!
あら、もう こんな時間…
14時46分——
……え
カタ
カタ
カタ
カタ
カタ
!?

えっ、なにこれ
揺れてる!?
サーバーは大丈夫か！
うわっ
東日本大震災
歴史に残る〝悪夢〟の日であった——

すごい地震でしたね
ザワ ザワ
電車 止まってるみたい
お客様と電話つながりません！
こうして しばらく仕事を進める状況ではなくなり——
一週間後 ようやく事業再開のメドが立つも
はい…
はい… かしこまりました
そうですか… いえ お大事になさってください
キャンセル
地震の爪痕はかなりの深さで残っていたのでした
○○物産さま 工場と物流センターが崩壊して再建のきざしが見えないからいったん取りやめるそうよ
××商事さまもキャンセル入りました
二千万円の受注いったん白紙にするそうです…

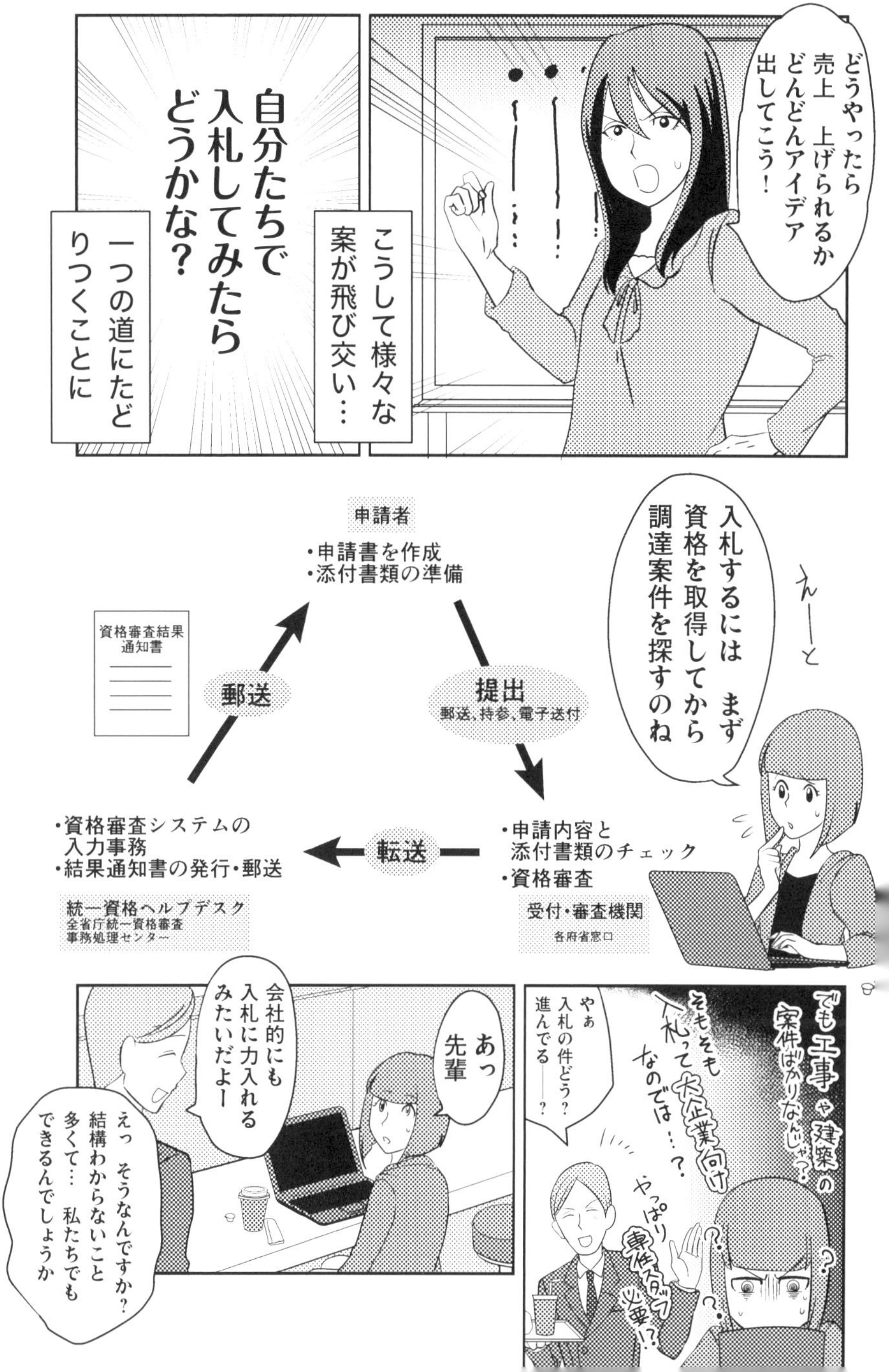
どうやったら売上 上げられるか どんどんアイデア出してこう！
・・・・・・
こうして様々な案が飛び交い…
自分たちで入札してみたらどうかな？
一つの道にたどりつくことに
んーと
入札するには まず資格を取得してから調達案件を探すのね
申請者
・申請書を作成
・添付書類の準備
提出
郵送、持参、電子送付
・申請内容と添付書類のチェック
・資格審査
受付・審査機関
各府省窓口
転送
・資格審査システムの入力事務
・結果通知書の発行・郵送
統一資格ヘルプデスク
全省庁統一資格審査事務処理センター
郵送
資格審査結果通知書
やぁ 入札の件どう？進んでる――？
でも工事や建築の案件ばかりなんじゃ？
そもそも入札って大企業向けなのでは…？
やっぱり専任スタッフ必要!?
あっ先輩
会社的にも入札に力入れるみたいだよー
えっ そうなんですか？結構わからないこと多くて… 私たちでもできるんでしょうか

出典：平成24年度中小企業者に関する国等の契約の方針
〔平成24年度版〕地方公共団体における官公需施策事例
中小企業庁

それから2週間―
資格通知来ました
これで色々試せますね
資格ランクはC
役務の提供等で
入札参加できるのか…
あっこれ
入札できそう!!
説明会に行ってきますね
某官庁 説明会 会場
うち含めて
4社か…
では最後に質問があれば説明書記載のとおり期日までに提出してください
質問の回答が送られてきた!
他の会社が質問した内容にも回答が送られてくるんだ〜
入札するには入札書と委任状…それから実印を押して
あっ 誓約書も書かなきゃ
よーし準備は完了!!
いけー!
がんばれー!
あらゆる工数こみこみで
1300万で入れてきます!!
入札書中在

入札会場——
この箱に入札書を入れればいいのね
ドキドキ
あの会社はいくらで入れたのかな…？
では入札の金額を発表します
○×データ 320万 △△情報 530万…
よって△△情報 320万に決定いたしました
あっ かっ 帰ってきた!!
お疲れさま！どうだった!?

△△情報が320万で落札しました…
うち300万…
は——!?
ケタが違うじゃん！うちだけウォンで出したんじゃないよね!?
どうしましょお〜
こうなったらプロジェクトチームを結成して各ステータスを項目ごとに分担しよう！
…こうして
では関東だけでも結構な数の自治体が出ているので入札できそうな案件探します
私たちは今できる入札をしに！
まず入札案件のピックアップと管理方法の見直しを
じゃあボクは関東一帯の資格を取ります！
苦い経験を糧に5人の精鋭たちはリベンジへと燃えるのでした

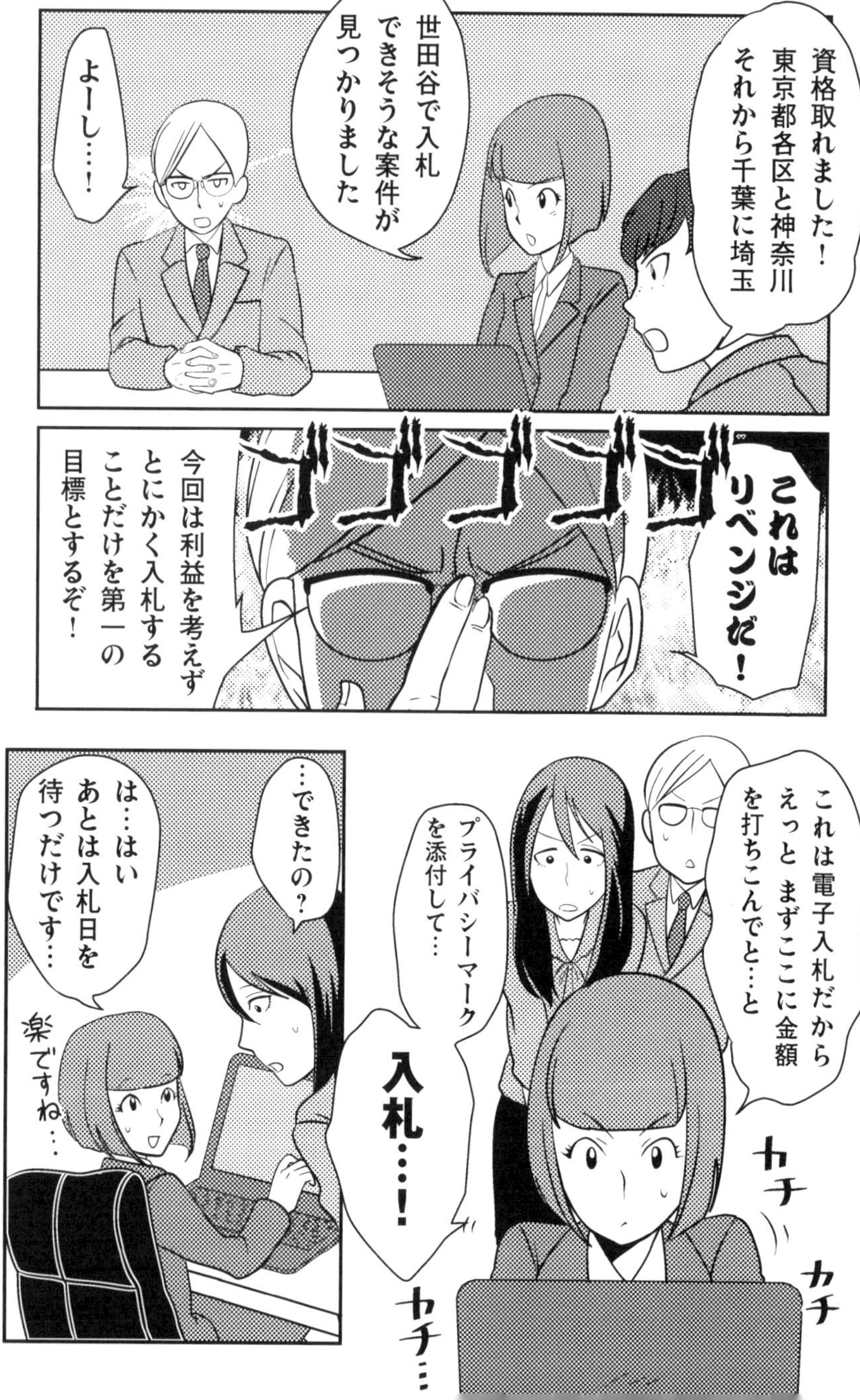
資格取れました！
東京都各区と神奈川
それから千葉に埼玉
世田谷で入札
できそうな案件が
見つかりました
よーし…！
ゴゴゴゴ
これはリベンジだ！
今回は利益を考えず
とにかく入札する
ことだけを第一の
目標とするぞ！
これは電子入札だから
えっと まずここに金額
を打ちこんでと…と
プライバシーマーク
を添付して…
カチ
カチ
入札…！
カチ…
…できたの？
は…はい
あとは入札日を
待つだけです…
楽ですね…

それから 数日後
——入札日
きょっ今日だったよね!
わっ
どう!? どうだった!? いけた!? どう!?
社長
落札
しちゃったんですけど
企業名称 (株)ナビット
福井 泰代 殿
落札者決定通知
下記の案件について、下記の者が
調達案件番号
調達案件名称
開札日時 平成
落札企業名称 (株)ナビット
落札金額
うそ—— まじ——!?
どれ!? どの案件!?
いくら? いくら? いくら!?
わあああぁっ
うわ—— やったあああ

落札金額はわずか27万円――
受信(2)
件名：入札結果
やったよ！落札したよ！！！
うおおお!!!
やったよおおお
?
入札を始めて3ヶ月めのことでした
金額は27万と小さいけれど
当社にとっては偉大な一歩です！
パチパチパチパチパチ
やだもー社長大げさなんだからぁ
ははは でも良かったね
ぐすっ
ハイ！

初落札を皮切りに
その年は４件
翌年は８件を落札
コンスタントに仕事が
回るようになり今までの
お客様からも声をかけ
られることが増えました
方面
5
番線
ナビットさん
最近忙しそうだね
うらやましいなぁ
…それにしても
入札って意外と
面倒よね
あー
確かに案件ごとに
いろんなサイトを
確認しなきゃならない
のは手間ですよね
いっそのこと
ぼくらでシステム
開発しますか
ナイス！
ビビッ
それ採用
そうして自分たちで
探したノウハウをもとに
システム開発を行い
入札情報検索サービス
「入札なう」が誕生した
のです――
入札なう

Chapter 1

第1章

入札はビジネスの真空地帯

なぜ、これまでほとんど「入札」の本がなかったのか？

この本を手に取ったあなたは、どんな立場の方でしょう。

ご自身で会社を経営する経営者、あるいは個人事業主。

企業のなかで新規営業先を求める営業担当者。

ご自分の部署や会社に提案できる新展開を模索するビジネスマン／ビジネスウーマン。

どのような立場にいても、ビジネスの最前線で生き残りを賭けた熾烈《しれつ》な競争を、日々戦いつづけていることにかわりありません。

誰もが「新しい客先」「まだ同業他社が目をつけていない商売ネタ」「経営の主力となりうる安定したビジネス相手」を開拓しようと必死なのではないでしょうか。しかし、有力な狩り場はほぼすべて、競争相手とのテリトリー争いで埋め尽くされ、開拓できる場所はまず残されていません。

そんな厳しい競争のど真ん中で、ぽっかり口を開けて待っている真空状態の20兆円市場。

それが、この本のテーマ、「入札市場」なのです。

え？　入札？

官公庁や自治体が発注する業者を選ぶ、ときどき談合で捕まるあれ？

多くの人の印象は、その程度で終わっているかもしれません。

この本を書くにあたり、入札がテーマの出版物を調べたところ、公共工事以外の本がほとんどないことに私は愕然としました。年間20兆円ものビジネスになっているのに、なぜ、これまで入札に関するビジネス書が書かれなかったのでしょうか？

それは、多くの企業経営者が、「入札は大手企業や建設会社の話、中小企業は関係ない」と諦《あきら》めていたからだと思います。「どうせ出来レースだろ？」「入札には談合があり、なかなか新参者が落札することはできない」という偏見も、まだまだ拭えません。

このイメージはなかなか根強く、日本人の多くはいまだに「入札」というとダムや公共工事の発注をめぐる談合のニュースを連想するようです。

これではいけないと、私はこの本を書くことを決めました。実地経験から知った入札のメリットやデメリット、失敗談とそれを事前に防ぐ方法、落札のコツなどを、この本でご紹介していきたいと思っています。

実際にはたびたびの制度改正とともに透明性は増し、入札は中小企業がより参入しやすいシステムに成熟してきています。

この制度改正のなかでも、大きな転換となったポイントは二つあります。

一つは、1998年に全省庁統一資格ができたこと。

今までは、中央省庁への納入業者になろうとしたら、入札案件を管轄する省庁それぞれに申請をして、資格審査を受けなければなりませんでした。しかし、この制度改革により一つの省庁に申請して、「全省庁統一資格」を取得すれば、すべての省庁の入札資格が得られたことになったのです。

もう一つは、2001年に電子入札の制度が始まり、日本のどこにいても、入札ができるようになったこと。

これによって、今まで大手会社だけが参加していた入札のハードルが低くなりました。

それまで官公庁の指定した場所に行かなければ入札できなかったのですが、この制度ができてから入札業者は、まるでヤフオクのように、どこからでも気軽に入札できるようになったのです。

この二つの新しい制度が浸透することによって、今後、日本の中小企業において、入札は大きな脚光を浴びると確信しています。

入札によって中小企業は根底から変わっていきます。

落札した仕事は官公庁の依頼なので、不払いや支払いの遅延の心配がありません。また、やり方しだいでは、毎年安定した売上げにつながる可能性もあります。

さらに、「一般入札」で落札したことで「指名入札」に変わるチャンスがあります。そうすると楽に仕事が回ってくるようになります（これについては、本文中に詳しく解説します）。

こんなによいことづくめの入札を、始めない手はありません。

この本は「これから入札を始めたいあなた（御社）」に、「ぜひ、気軽に入札にチャレンジしてください」という私たちからの激励の気持ちをこめて作られました。

すでに入札、落札に成功している方や企業は、さらにレベルアップする方法として、参考にしていただけたら幸いです。

入札ビジネスというブルーオーシャン

私たち「株式会社ナビット」は、もともとコンテンツを扱う会社です。

冒頭のマンガにも描いたように、東日本大震災を機に落ちこんだ事業を立て直すため、入札ビジネスに目をつけたのが、そもそものきっかけでした。

入札市場に参入するため、全省庁統一資格を取得し、ある官庁がおこなう調査の委託業務を落札しました。

最初の落札以来、わずか2年半の間に自社で、実績ゼロから入札案件を次々に落札することに成功しました。２０１２年９月から、２０１５年６月現在までに20件、合計２億６９００万円くらいの落札実績があります。１カ月に３件１４００万円以上の案件を落札したこともあります。

　コンテンツビジネスからのつながりで、調査や分析のノウハウを持っているため、私たちが入札する案件は、おもにアンケート調査や集計、結果分析、実態調査などが中心です。

　このように、たくさんの案件のなかから、自社の得意分野を生かした仕事を選ぶことができ、落札さえできたら、売上げアップが確実な「入札」は、大きなビジネスチャンスになります。

　私たちは、２０１４年から全国で入札セミナーを開催し、自らの入札・落札経験を生かし、皆さんに入札のメリットや落札のコツを具体的にお伝えしています。セミナーには１０００人を超える受講生を集め、回を追うごとにますます参加希望者が増えています。

　２０１４年12月以降は、オンラインセミナーも開催し、より多くの皆さんに全国から視聴していただけるようになりました。最近ますます増してきた入札への関心の強さをうかがわせます。

　とはいえ、セミナー参加者にアンケートをとった結果、すでに入札の資格を持っている人は半分程度でした。入札に関心を持ってセミナーに参加した層のなかでも、資格がない、または資格があっても何から始めたらよいかわからない方が半数もいるということです。

このような状況を見わたしてみると、入札は、まだまだブルーオーシャンといえるでしょう。でも、これがいつまでも続くわけではありません。

今まで入札なんて関係ないと思っていた会社が、たくさん入札に成功してきた事例を、私たちは数々見てきました。

入札は、あなたの会社の売上げを最大にする可能性がある強力な手段の一つなのです。私たちはこれを「武器にしてください」とお伝えしています。落札して仕事を得ると、通常の仕事と比較して大きなメリットが期待できます。

不景気の時代においても、必ず案件はありますし、落札すれば、不払いや遅延などのトラブルがなく、必ず指定日に支払われる、という意味では、とても安心だといえます。

そこに目をつけて、入札を目指す業者が増えていけば、当然競争は厳しくなっていくことでしょう。ブルーオーシャンがレッドに染まらないうちに、いち速く先行参入のメリットを生かし、身につけた入札ノウハウと体力を武器に、さらなる展開を目指すことをおすすめします。

「ウチは関係ない」と思っていませんか？

「入札なんて、建設とか工事ばかりじゃないの？」

という方は今も少なくありません。

たしかに建設工事の入札は多く、トンネルやダムなど、大規模な案件もあります。

けれども、入札はそれだけではありません。まえがきで書いたような、おにぎりやトイレットペーパーといった私たちの身近にあるものはもちろん、市場調査やイベントの企画運営、清掃や運転サービス等の入札もたくさん出ているのです。

さらにある企業が入札に成功して、大きな商いが発生すれば、その企業に納入する仕入れ先や関連業者にもビジネスチャンスがめぐってきます。

「入札なんてウチには関係ないよ！」などといっていると、ビジネスチャンスをみすみす見逃していることになります。

私たちが全国で開講している入札セミナーで出会った方々は、さまざまな業種にわたり実にバラエティに富んでいます。

ある時期からは、全国の商工会議所とタイアップして、共催セミナーを開催するようになったため、ますます多様な経営者とお会いすることができるようになりました。

そんななかには、商工会議所からのご案内で参加したものの、とくに入札には期待もしていない様子の経営者の皆さんが少なくありません。けれども、このような方たちも、セミナーで入札の可能性についてお話しすると、途端に身を乗り出して食いついてくるのです。

たとえば、埼玉県川越市の商工会議所で開いたセミナーでのこと。もともと川越市自体の入札には工事や建設が多く、それ以外で需要のある業種は少ないと思われていました。しかし、近郊に理化学研究所と防衛医大があり、白衣のクリーニングや清掃、ビーカーの納品など、たくさんの入札案件が出ていることがわかり、参加者の皆さんが目を輝かせていらっしゃいました。

入札は、建設工事分野だけではありませんし、発注元は官公庁ばかりではありません。「ウチには関係ない」と背を向ける前に、自分のビジネスがかかわれる案件はないか、どこかで自分の会社が提供できる事業が求められていないか、アンテナを高く立てて、探してみてください。

どうせ出来レースだなんて思っていませんか？

ここまで読んでも、まだ入札について半信半疑の方はいるでしょうか。それは、もしかすると入札に出来レースがあるのではないかと疑っているからではないでしょうか。

映画やドラマで「談合」などというテーマが取り上げられたからか、もしくはたまたまニュースに上がった談合事件の記憶が印象に残っているからでしょうか。

談合というのは、ご存じのように公共事業などの競争入札前に、業者同士が事前に話し合い、受注業者と落札価格を決めることをいいます。

この談合を防止するため、２００５年に独占禁止法が改正され、２００６年1月から施行されるようになりました。以来、公正取引委員会が裁判所の令状を得た場合には、家宅捜査や書類の差し押えが可能になりました。また、全国の地方検察庁が談合の捜査をおこなえるようにもなりました。

実際に談合がゼロかどうかは私たちの知る範囲ではありませんが、少なくとも一般競争入札というステージにおいては、公平だといえると思います。

なぜなら一般競争入札では、たんに金額が一番安い業者が落札することがほとんどだからです。企画やデザインなど、価格以外の要素が入ってくるものは別として、一番安い業者がどこかは一目瞭然ですし、公表されますので、単純明快です。ちなみに、常識をこえた安い金額で入札してきた業者には、なぜこの料金でこの仕事をすることができるのかという説明を詳細に書類で求められる場合があります。何かの計算がまちがっているか、勘違いをしているかのおそれがあるからです。

ネット時代の入札は、公明正大・単純明快

この15年ほどで、入札にまつわる状況は劇的に変わりました。

ここまで読んできた読者の皆さんには、新しい時代の入札がどんなものか、少しイメージが浮かんできたかと思います。

今の入札は簡略化が進み、透明性が増し、広く門戸が開かれ、つまり、誰でも平等に参加できるようになったということです。

以前と比べてどう変わったのか、もう一度ここでまとめてみましょう。

①電子入札ができるようになりました

紙入札のみだった頃には、企業の入札業務担当者は案件の公表、公告を官庁の掲示板に毎日のように確認に行っていました。

説明書を入手するにも、官庁までわざわざ出向いていました。

入札は所定の日時に入札室に集合しておこなうのが一般的で、開札も入札事業者立ち会

いのもとでおこなわれました。そして、落札結果が公示される際も、官庁の掲示板を確認に行く必要がありました。

何度も足を運ばなければならないため、首都圏の会社以外は入札しにくく、人の移動にともない膨大なコストや時間がかかりました。そのため、どの企業でも入札専門の担当営業を置きました。

会場で入札業者同士が何度も顔を合わせるため、談合をおこなう機会が作られやすいともいわれてきました。また、手続きの不透明さが指摘されてきました。

けれども今は、電子入札が一般的になり、受注側では入札に関して大幅にコスト削減が可能になりました。

官公庁、自治体、独立行政法人、特殊法人（ＮＨＫ、ＪＲＡなど）などが、それぞれインターネットで発注予定情報の公表、公告をおこなうようになったからです。また、入札情報サービスなどを利用すると、簡単に検索できます。さらに、入札説明書、仕様書などが簡単にパソコンでダウンロードでき、案件の詳細の確認が容易になりました。それにより、案件を絞りこむこともスピーディーにできます。

入札者からの質問も期間中にメールなどでおこない、返事はメール、もしくはインターネット上で公表されます。落札結果もインターネット上で公示されるようになり、国民への透明性の確保という意味でも、革新的な進歩をとげているといえます。

②全省庁統一資格の申請制度ができました

以前は、各省庁の案件に入札するためには、それぞれの省庁の入札資格を取る必要がありました。現在は、全省庁統一資格を取れば、すべての省庁の案件が入札できるようになります。これによって、資格取得のハードルが一気に下がりました。

具体的な資格の取り方、手順については次の第2章と巻末の応用編で詳しく解説しますが、インターネット上での1時間程度の入力と、必要書類を送るだけで、簡単に資格を取ることができます。インターネットですべてを完了しようと思うと、必要書類をあらかじめ準備してＰＤＦにしておく必要がありますが、確定申告をしている法人や個人事業主で、税金の滞納がなければ、ほぼ資格は通ります。もちろん、インターネットで入力だけをして、必要書類はあとから郵送することもできます。

③入札される案件の種類が多岐にわたるようになりました

以前は入札といえば、建設工事など、大企業でなければとても落札できない案件がほとんどでした。しかし、最近では実に多種多様な案件があり、小さな企業でも個人事業主でも入札できる案件が増えています。

たとえば、おにぎりやお弁当などの食品や、マスク、トイレットペーパー、コピー機・プリンターのインクやトナー、封筒など日常的に使う消耗品は、中央省庁、全国の地方自治体、外郭団体等、５０００以上の発注元から毎日大量の入札案件が発信されています。

こうした「物品」だけではなく、たとえばネットワーク構築や施設の床面清掃、官公庁が主催するイベント運営など、事業として提供されるサービス、いわゆる「役務」の委託案件も同様に多数公告されています。

これらの案件が毎日どんどん流れてきますので、イメージはいわば「回転ずし」のようなものです。一つ一つの案件について、昔のドラマのように談合云々をやっていてはさばききれない数になっています。

けれども、このようにさまざまな入札案件があることを知っている人は、まだ少ないので、ブルーオーシャンな領域だといえるのです。

入札は、今はまだ知る人が少ない穴場の釣り場のようなものです。

入札ビジネスの12のメリット

ここまでお話ししたほかにも、入札がもたらすメリットは数多くあります。

参入すればどんなよいことがあるか、ここでまとめてみましょう。

①透明性

公金を有効に活用できる透明性でしょう。

国民の納めた税金によって運用されている国や地方公共団体ですから、税金をできるだけ節約して有効に使うことができるのは大きなメリットです。競争によって、より低価格で契約を結ぶことができますので、税金の出費を抑えられます。ちょっとでも使われる公金が減るわけですから、それだけ税金を有効利用することになります。

これは発注側である国や地方公共団体のメリットでもありますが、税金を支払っている私たちにとってのメリットでもあるのです。

また、国民に対して、何に公金を使っているのかという情報を公表することになりますので、透明性があることもメリットといえるでしょう。

②平等にチャンスがある

一般企業が平等に参加できる機会が与えられるということ。

基本的には古い企業も新しい企業も、企業の規模にも関係なく、契約を実行できる力さえあれば、入札に参加できます。

全省庁統一資格の審査の際に、企業の等級は、物品の製造、販売、役務の提供等に関してはＡＢＣＤの４段階、物品の買い受けに関してはＡＢＣの３段階でランク分けをされます。案件によっては、入札できる企業の等級が限定される場合もありますが、同じくらいのランクの企業どうしが競争できるという意味では、それも平等と考えられます。

③競争入札なので公正

一般競争入札では、競争しながら公の場所で金額を決定するので、公正さが確保されるといえます。

一般の企業の間の契約においても公正さが求められるのはもちろんですが、国民に納得してもらうため、国や地方公共団体が発注する契約は、なおさら公平性、公正性を求められます。

入札の参加者は同じスタートラインに立つことができ、金額や提案書などで平等に判断されます。

④対外的な信用が得られる

国や地方公共団体との取引をしているということで対外的な信用を得ることができる点があげられるでしょう。

とくに金融機関からの信用が得られますので、落札が決まると融資を優先的に受けられたりすることもあります。

⑤取りこぼしのない安心案件

入札で委託されるのは、官公庁やそれに準ずる公的機関が発注する事業ですから、債務不履行がありません。

一般的な仕事の場合、クライアントの都合で、引き受けて途中まで進行していた案件が突然なくなったり、支払いがなかったり、遅れたりすることもあります。

けれども、入札案件に関しては、落札し契約すれば、途中で仕事が立ち消えになることは、通常ないといってよいでしょう。契約後、受注側が倒産などで契約不履行になることはありますが、発注者側からの都合でなくなることはありません。

⑥明朗会計で入金が速い

額が決まっているので明朗会計であることと、入金が速いということ。

一般的な民間企業同士の取引の場合、納品後、発注側の検収などに時間がかかり、請求、入金の流れに至るまで時間がかかる場合があります。

けれども、落札した案件に関しては、仕事が終了して1カ月から1カ月半くらいで支払われることが多いので、とても安心です。入金時期が明確で、契約後の値引き交渉や、支払が遅れることはありません。

また、仕様書にもとづいて仕事をしますので、一般的な仕事のようにあれこれ余分な業務があとから発生することもありませんし、あとからサービスをつける必要もありません。

⑦販売コストがかからない

おもに物品に関してですが、通常かかる販売コストがほとんどかからないことがあげられます。

当然、物を販売するとなると、店舗をかまえ広告等を打ち、店頭やメディアなどで認知してもらう必要があります。けれども入札案件は、お客様の欲しがっている物品リストがすでにあるわけで、そこにピンポイントで入札をしていけばよいのです。広告費用などは一切発生しませんので、販売コストがかからないのも大きな魅力だと思います。

⑧意外と簡単なのにブルーオーシャン

意外と簡単にできるのに参入している企業が少ないブルーオーシャンであるということ。

資格を取るまでは多少手間がかかりますが、取ってしまえば入札までの流れは意外と簡単です。

資格を取る↓案件を探す↓入札説明書で参加するかどうかを検討する↓入札準備↓入札という流れになります。

プロセスはシンプルなので、法人であっても一人で入札まで進めることが可能です（落札後は、案件によって複数多数でおこなうものもあります）。

もちろん、落札にはコツがありますので、それがつかめるまでは失敗する、つまり落札できないこともあるかもしれません。けれども、落札できなかったからといって、大きな損失が出るわけではありませんので、どんどんトライしてみるとよいでしょう。

経験を積むと、落札金額の目安もわかってきますし、コツもつかめるようになります。「入札」と聞くと面倒くさい、関係ないと思っている人が、まだまだ多いので、今がチャンスです。

⑨国家プロジェクトに参加！

「政府統計」など国家で進められるプロジェクトの一環としての案件も、条件さえあえば入札に参加できることがあげられます。

通常の仕事で、国のプロジェクトにかかわれることなど、ほとんどありませんから、それだけでも貴重な経験だと思います。

⑩電子入札は気軽にネットで

電子入札はネット環境さえあればデスクの前で気軽に案件を探すことができますし、まるでネットオークションのように簡単に入札参加ができます。

この章の最後に、電子入札について少し詳しく書いていますので、ご参照ください。

⑪どんなときも仕事が途切れないベルトコンベアー方式

民間の企業を相手に仕事をする場合は、相手しだいで仕事の有無や多寡が大きく左右されます。けれども、入札の場合は、年間を通して、途切れることなく案件は数多くあがってきます。コンスタントに案件を探して落札しさえすれば、売上げを上げることができるのです。東日本大震災のときに、取引先からの発注がずいぶん減り、売上げが大きく下がりましたが、そんなときでさえ入札案件はたくさんありました。

官公庁は、年度末に案件が増える傾向にあります。自治体は官公庁に比べて安定していますが、夏の7月〜9月に多くなります。自治体では月間約2万5千〜3万件の入札情報が上がっています。それらのなかで自社ができる案件にコンスタントに入札していけば、ある程度の仕事や売上げは確保されるのではないでしょうか。

⑫指定業者を狙って売上げ安定

これは、ある程度落札経験を積んでからの話にはなりますが、何度か落札すると、指名競争入札で指名される業者になる可能性や、「随意契約」ができるようになる可能性もあるということです。

もしそうなれたら、定期的に大きな案件や安定した案件にかかわることができますので、売上げが安定することにもつながります。

入札ビジネスの5つのデメリット

どんなによく見えるビジネスでも、メリットがあれば、デメリットもあります。入札に参入しようと考えるなら、メリットとともにデメリットも知ったうえで準備を進めてください。あとになって「こんなはずではなかった」と嘆くことのないように。

①時間がかかる

仕事が決まるまでに時間がかかるということです。

入札は、金額等により、WTO（世界貿易機関）対象とWTO対象外の案件に分けられます。WTO対象の入札制度とは、「政府調達に関する協定」などにより、物品・サービス一般について10万SDR（２０１４年現在で約１３００万円）以上の案件を調達する際に、海外の企業も参加できる制度のことをいいます。一般的に高額な契約となることが多いといえます。

WTO対象の場合は50日前、WTO対象外であれば10日前に公示されます。つまりWTO対象の入札に参加する場合は、１カ月以上前に公告がでて入札準備に取りかからなくてはいけないため、時間がかかります。

②企業情報を公開することによるデメリット

入札の参加資格を申請する際や、実際に入札する際に、企業の情報、概要を提出しなければいけないということです。たとえば、知らず知らずのうちに労働問題を抱えていたり、財務上おかしな点があったりすると、調査が入ることもあります。入札制度を活用するにあたっては、一度社内の財務状況や労働環境などを見直したほうがよいでしょう。

また、全省庁統一資格審査に通ると、会社の基本情報（住所、電話番号など）が公開されます。この情報を見て、営業の電話が他社からかかってくることもありますし、入札案件とは別の仕事が発生することもあります。これをメリットとみるか、デメリットとみるかですが、自宅で仕事をしている個人事業主の場合には、個人情報が公開されることになりますので、注意が必要です。

③利益が薄くなる場合もある

入札しても落札しなければ意味がないので、ギリギリまで安くして利益が薄くなることがあります。

基本的に入札は、一番安い金額で落札されます。あまりに金額が安いと調査が入りますし、企画内容を加味し総合評価をする場合など例外もあるのですが、私たち仕事をする側にとっては、ギリギリまで安くした状態で金額を出すので、仕事の失敗は許されないということです。仕様書どおりにやれば、基本的にはよいわけなので、そのなかでできるだけコストを下げ、決められた落札金額のなかで利益をあげようとするわけですから、当然余計なサービスなどはせずに、ギリギリの線でがんばることになります。

つまり、公的機関（仕事を発注する側）にとっては、かゆいところに手が届くようなサービスを求められないということになります。

入札に参加するためには、全省庁統一資格等の入札資格の申請が必要になります。ここである程度の審査があるということにはなっています。けれども、実際には、税金をきちんと払っていて書類をそろえることさえできれば、資格を申請して取得できないケースは、ほとんどありません。つまり、資格を持ってさえいれば、どんな企業でも入札に参加できるということです。つまりハードルが低い分、安くて質の悪い仕事をする企業が入ってくるおそれがあることが考えられます。

この競争から抜け出るためには、価格以外の条件、つまり企画や仕事内容、仕事の質で勝負できる案件をさがすことも重要なポイントになってきます。

④保証金を求められる場合がある

「入札保証金」や「契約保証金」が必要となる場合があります。

公的機関（発注側）は、手間と労力と時間をかけて入札情報の公示をおこない、契約する企業を決めます。その落札した受注企業が、契約をやめるといいだした場合、もう一度入札をおこなわなければなりませんし、多大な手間と労力をかけたことになります。

そのため、落札した受注企業が契約締結しなかった場合に備え、入札をする企業が見積もる額の１００分の５以上の保証金を納めさせるよう、法律で定められています。これを「入札保証金」といいます。

たとえば、１０００万円で入札したいと考えたときには、

10,000,000円×5／100＝500,000円

この50万円を事前に納めなければなりません。

また、この「入札保証金」は、落札した受注企業が債務不履行になった場合には、国庫に帰属することも法律で定められています。

さらに、「契約保証金」というものがあります。これは、契約締結をしたけれども、契約を最後まで履行しなかった場合に備えて、契約した額の100分の10以上の保証金を納めるよう、これもまた法律で定められており、その保証金のことを指します。債務不履行の際には、こちらも国庫に帰属します。

入札をして落札できなかった企業は、入札の際に納めた「入札保証金」を返還してもらうことができます。けれども、返還までには入札終了後1カ月程度かかる場合もあります。落札した受注企業には、契約を履行し終了したあとに返還されることになっています。

このように、法律で決められた保証金を納入しなければならないため、まとまったお金を用意しなければなりません。当たり前ですが、金額がとても大きな入札案件に対して入札するときには、保証金も大きくなります。

最近は免除される案件も多く見られます。入札前に必ず確認をしてください。

⑤支払いが仕事終了後になる

落札してから仕事が終了するまで、お金は支払われませんので、必要な費用はすべて持ち出しになります。

まれに、案件によっては、途中の段階で支払われるものもあるようですが、通常は仕事が終了してから入金まで1カ月くらいはみておいたほうがよいでしょう。

入札で成功をつかんだ!

何も知らないところから、私たちの入札セミナーに参加されたことがきっかけで入札にチャレンジ。その結果、大きな成功をおさめられた企業を、私はいくつも見てきました。

ここに紹介するのはほんの一部ですが、厳しい経済情勢のなか、入札で成功をつかんだサクセスストーリーをご紹介しましょう。

事例❶　防衛省から出ていたエネルギー電池を900万円で落札した電池販売会社

渋谷区で３代続く電機店を経営するA社長。社員12名の個人商店は、近隣に乱立する同業他社との競合で、けっして楽な経営ではありませんでした。

毎月の資金繰りに頭を悩ませるAさんに、あるとき先輩社長が、

「売上げを上げたいなら入札やりなよ」

とアドバイスをくれました。そこで一念発起、私たちの入札情報検索システム『入札なう』を導入したのです。

すると、いきなり２週間で防衛省からエネルギー電池９００万円を落札しました。

その後も、『入札なう』を駆使しながら入札案件を着実に落札。順調に売上げを伸ばしていきました。

それまで月１００万円の売上げ目標だったのが、翌年には月１０００万円の売上げを達成。その年の年末には、ＮＨＫの案件を落札して一本２００００円のマイクを１００本、納入しました。

事例❷　区立の小学校へのジャージや体操着の納品に成功した大手スポーツ用品店

日本全国の大型道路沿いにフランチャイズチェーン店展開している、スポーツ用品店。

Ｂ社長は、そのフランチャイズ本部と契約をしている加盟店オーナーです。

Ｂさんの店舗の近所には区立の小学校があるので、そこにバスケットボールやジャージなどを納品したいと常々考えていました。ところが、小学校などは、本部事業所の統轄のため、自由に営業活動ができないでいました。

そこで、本部で入札情報検索システム『入札なう』の導入を提案。全国の学校の入札情報を各店舗に送ることができる体制を整えてもらいました。そして、店舗ごとにエリア内の小学校への入札にチャレンジをしたのです。その結果、Ｂさんの店舗でもジャージや体操着などの物品の納品に成功しました。

事例❸ 商工会議所のセミナーを利用して入札に挑戦中のクリーニング店

入札セミナーに参加したクリーニング店経営のＣさんの事例です。Ｃさんが店を出している自治体が発注する案件は、建設工事関連がほとんどでした。長年この地で店を出しているＣさんはその事情をよく知っていたので、入札なんて自分の業種とは無関係だと諦めていました。

ところが、私たちのセミナーに参加した際、近くの理化学研究所から研究用の白衣のクリーニングの入札が出ていることを知り、入札へのチャレンジを始めました。

「近所なのに、どうやってアプローチしてよいかわからなかった、敷居の高い理化学研究所への営業の足がかりができました」と、Ｃさんは意欲満々です。

事例④ 入札情報を活用して営業に役立てている信用金庫

地域密着のＤ信用金庫が、入札情報検索システム『入札なう』を導入しました。信用金庫が入札できる案件なんてあるのでしょうか。

実はＤ信用金庫、その地域の入札情報をプリントアウトして、地元商店街の店主の皆さんに配布したのです。

そこで、たとえば「小学校の卒業アルバムの作成」という案件が出たら、写真店と印刷会社をマッチングして、入札へのチャレンジを進めるのです。

もし落札できたら、自動的につなぎの短期の融資案件も取れます。お客様サービスと融資成績の一石二鳥というわけです。

このように、直接入札に参加しなくても、落札業者を通して恩恵を得る場合もあるのです。

事例❺ 全国の大学病院にＤＮＡの検査キットを販売している会社

全国の大学病院で、健康診断や検査キットを販売しているE社は、『入札なう』で全国の「国立病院」だけをウォッチしています。

検査キットの場合、キットそのものが物品として入札情報に出るときと、健康診断が役務として出るときがあります。役務としての入札には、役務仕様書を添付しますが、これは直接発注元で受け取る必要があります。

私たちが運営する全国の主婦５万８０００人による地域特派員ネットワーク（Sohos-Style）を使って、説明会の仕様書を取りに行くことも、並行しておこなっています。

それまでは仕様書をもらうため、全国の大学病院に社員を出張させていましたが、地域特派員を利用することで効率的に業務をおこなえるようになりました。

事例❻ 「選挙」の有無をウォッチしているコールセンター

選挙前の電話調査に特化したコールセンター業務をおこなうF社では、全国津々浦々で「選挙」の入札案件だけを、『入札なう』を使って定点チェックしています。Ｆ社の事業である電話調査は役務にあたるため、入札には役務仕様書をもらって来る必要があります。

ただ、選挙は一年中、いろいろなところであるため、どうしても自社のスタッフや支社がある地域しか対応できませんでした。

私たちの地域特派員の仕様書出張代行サービスを利用し、今までの数倍の入札にチャレンジできるようになりました。

事例❼ 行政書士申請代行サービスを使って入札エリアを広げる内装会社

オフィス専門の内装会社G社は、当初首都圏、一都三県から入札を始め、徐々に実績を積んで、関西や東海への入札にも参入を始めました。その際に、各県ごとへ出す、入札申請代行もまとめて、当社の全国の行政書士のネットワークに委託していただいています。

入札繁忙期に遅れないよう、面倒な申請業務は時短目的でプロに任せて、落札だけに集中し、素晴らしい実績をあげています。

これらの事例からもわかるように、たくさんの案件を落札するために必要になる入札申請や仕様書を取りに行くなどのこまごまと手間のかかる作業は、できるだけ専門業者に任せるのが、入札を大きな利益につなげる秘訣だと思います。

とはいえ、業者に代行してもらうと費用がかかりますので、小さな会社や個人事業主の方は、ご自身でされている場合も、もちろんあります。

こんなものもあんなものも、入札されている！

試しにパソコンで入札情報提供サイトをランダムに開いてみてください。

一般競争入札のページを見ると、実にバラエティに富んだ案件が、次々と目に入ってきます。

自衛隊ではおにぎりやお弁当などの案件も多数出ているため、商店街にある商店でも参加しやすいと思います。

自衛隊の駐屯地が近くにある事業者の方は、いろいろ調べてみるとよいでしょう。トイレットペーパー、蛍光灯、ベッドパッド、飯ごう、靴などのほか、航空機騒音状況調査役務、「メンタルヘルスケア教育資料」の作成業務、新聞記事のクリッピング作業、庁舎廃棄物収集運搬及び処分役務（弁当ガラ等）など、さまざまな業種に需要があります。

ＰＭ２・５やウイルス、放射性粉塵《ふんじん》の吸入リスクを低減する目的では防塵《ぼうじん》マスクが有効とされています。入札案件にも、とくに陸上自衛隊などでＮ95などの規格マスクがあがっています。

食堂のある大所帯の公的機関では、冷凍食品類のうどんやゼリー、野菜やエビ、イカなどの食料品、ソースや、酢、食塩といった調味料の案件も出ています。

食堂関連では、給食用の手袋やクッキングペーパー、ペーパータオル、食品用ラップフィルムなどの消耗品も、取扱業者にとっては、大口需要が見込めるおいしい納入先になりそうです。

最近は、小学校の卒業アルバムも入札で委託するケースが増えてきているようです。修学旅行のバスやホテルの手配、修学旅行付添看護業務委託、薬品購入やガイドマップ印刷なども入札案件に上がっています。

店丸ごとの入札案件も、まれに募集されます。

たとえば市町村の庁舎内に、福利厚生施設として食堂、喫茶、書店、売店、理髪室、カメラ店、薬局などを擁する建物内で、これらの営業を希望する者という案件まであります。

選挙が近くなると、さまざまな選挙関連の案件があがってきて、幅広い分野にまたがっています。

政治活動用ポスター証紙、市長選挙公営ポスター掲示場設置撤去業務委託、選挙にかかわる選挙公報の印刷請負業務、選挙人名簿作成業務、選挙入場整理券用封筒印刷、選挙期日前投票受付事務従事者の派遣、統一地方選挙開票所設営及び撤去委託等々。

広報啓蒙活動に関する案件も一気に増え、イベント業界や印刷・写真の業界も大忙しです。公共交通機関等における選挙広報業務、「選挙啓発広報用車窓ステッカー」「選挙啓発用ウェットティッシュ」の購入、中学校三年生向け選挙学習用冊子、「二十歳の選挙ガイド」の印刷などという案件も見かけました。

中小企業向けではありませんが、ロケットの打ち上げに関する業務も、入札案件として出されます。発注元は、宇宙航空研究開発機構です。

ざっと見わたすと、超小型衛星打上げ機会提供にかかわる公募窓口業務支援、大型衛星振動試験システム振動試験支援業務、ロケット打ち上げ及び衛星系射場整備作業に伴う事務機器の賃貸借（レンタル）及び保守点検（種子島宇宙センター分）、ロケット25号機打上げにかかわる衛星系警備業務。

別世界と思っていた仕事が、入札公告を通してほんの少し、身近に感じられませんか？

入札ノウハウを知っている経営者はほとんどいない

官公庁や自治体などの公的機関が公示する入札案件は、年間100万件以上にもなります。そして、その半数以上は、中小企業でも応札（入札に参加すること）および落札ができる案件として公示されています。約半数は500万円未満で落札されています。

この巨大市場をより活性化させるため、国は予算を組んで中小企業、小規模事業にも入札の機会を増やすための政策に取り組んでいます。それでも多くの中小企業にとって、入札はまだまだ敷居が高いのが現実です。

私たちの入札セミナーを受講した多くの経営者も、入札がどんなものかわからない、資格の取り方もわからないままに参加されています。

それを考えると、入札が大きなマーケットであり、ビジネスチャンスであるということにも気づいていない経営者がほとんどなのかもしれません。

理由の一つには、自社と同じ商品、自社でも提供できるサービスが、入札によって調達されていることを知らないこともあるでしょう。あるいは、自社の規模ではとても国との取引など望めないという、思いこみもあるでしょう。

もしかすると、こんなおいしい入札を誰にも教えたくないという先行者の意思で、あなたの耳には入ってこなかっただけかもしれません。


しかし、今の段階で詳しいことは知らないまでも、入札の可能性をどこかで感じとり、この本を手に取ったりセミナーに参加したりと、何らかのアクションを起こしたあなたは、それだけでライバルに先んじてブルーオーシャンに飛びこむ準備ができているのです。

次章からは、いよいよ具体的な入札の仕組みと実践についてお話ししていきます。

Chapter 2

第2章

入札にも いろんな 種類がある！

初めての入札なら「一般競争入札」から挑戦！

第1章でなんとなく入札って大きなビジネスチャンスなのだ、ということと、入札までの流れがわかっていただけたかと思います。第2章からは、実践に入ります。入札の仕組みと流れや、実際に入札するために準備する書類についてなど、詳しく見ていきましょう。

入札を始める前に、皆さんに知っていただきたいことがあります。

それは、入札がどういう仕組みで成り立っているかという、いわば入札の基礎の部分。これをしっかり把握することで、入札ビジネスのブルーオーシャンをより安全に、確実に航海することができるでしょう

まずは「なぜ、国や官公庁では何かを調達するとき、わざわざ入札をするの？」という素朴な疑問から始めましょう。

なぜ入札という制度があるの？

なぜ公共の機関は、「入札」という制度を使うのでしょうか。

それは、国民・県民・市民が納めている「税金」で予算を組んでいるからです。公共の機関が、担当者個人の感情だけで取引先を決めて調達していたら、一生懸命働いて稼いだお金を税金として納めている皆さんはどう思うでしょうか。よりよいものをより安く調達しなければ「税金の無駄づかい」だと思ってしまいますね。

そのため、公共の機関が入札制度で発注をおこなう場合は、不特定多数の参加者を募り、もっとも有利な条件で申し込みをした業者を選ぶ「一般競争入札」という制度が原則とされています。

さらに地域活性化の観点からは、地元企業が受注し地域経済に貢献することも求められていて、この点も踏まえて調達がなされます。

また、電気など電気通信役務の提供を受ける契約や不動産を借りる契約、その他政令で定める契約については、例外的に長期継続契約をすることが認められていますが、基本的には、公平性を保つため、都度入札制度によって募集されます。

ですから、中央省庁や地方公共団体に必要な物品や役務は、一般の企業へ募集をかけ、調達しているのです。

意外とシンプルな入札の仕組み

入札の調達案件には「工事」「物品」「役務」の三つの種類があり、申請の仕方がそれぞれ違います。

「工事」は、言葉のとおり建設工事などで、昔ながらの建設事業全般です。

工事を受注するには、俗に「ケイシン」と呼ばれる、経営事項審査を受けなければなりません。

ケイシンは、公共工事の受託を希望する建設業者の企業情報を数値で評価する、建設業法にもとづく審査で、建設業許可を取得している企業しか受けることができません。これ

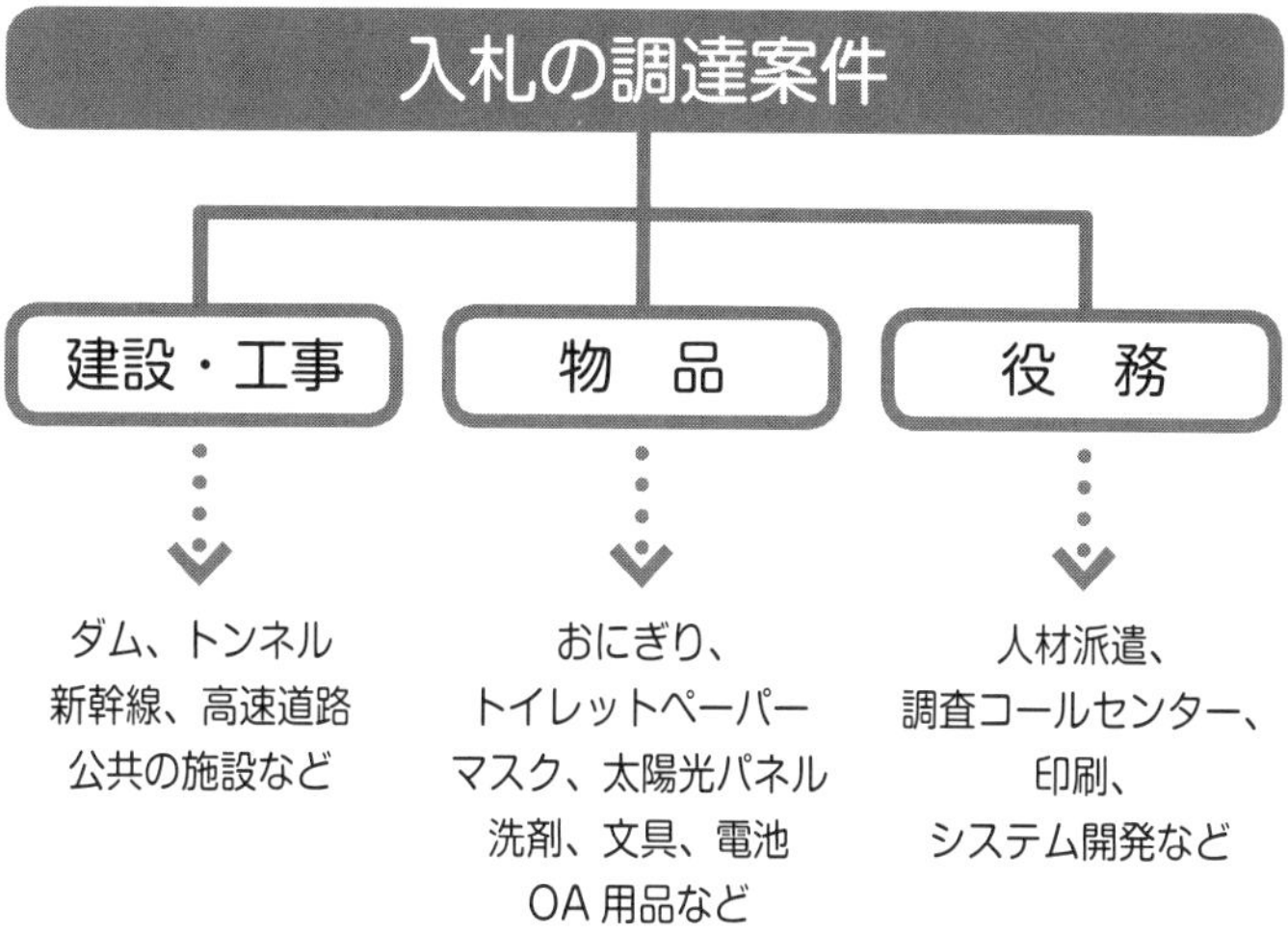

により、暴力団関連の企業や、不正なペーパーカンパニーを排除するように厳しい基準が設けられています。

公共工事は規模が大きく、工事によって作られる建設物は長年にわたり使用されるため、安全面はもちろん、透明性や業務遂行能力がとくに重要になってきます。

「物品」は、ずばりモノです。

たとえば、おにぎりやお弁当なども物品ですし、インフルエンザなどが流行るとたくさん出るマスクや、太陽光パネルやファックスロール紙、トイレットペーパー、エアコン、カーテン、洗剤、ＤＮＡの検査キット、電池、車まで、それこそ多種多様の入札案件が公示されています。

「物品」は電子入札が多く、落札後、納品するだけなので、一番簡単でもっともオススメな分野です。しかも、意識的に大手のメーカーが排除されているため、中小の小売り業者でも落札でき、チャンスが多い分野です。

「役務」とは、人が介在する仕事のことです。とくに多い分野は以下の五つがあげられます。

- 人材派遣
- 調査
- コールセンター
- 印刷
- システム開発

２０１４年の消費税増税の際には、データの入力業務をおこなうデータエントリーや、税理士の需要が高まり、各省庁からこれらを募集する案件が増えました。

また、東京オリンピックの開催決定時以来、施設を多言語化するための「翻訳」業務もたくさん出てきています。

選挙前になると、選挙用のポスターの印刷や、コールセンターを使った事前の電話調査の案件、出口調査のための人材派遣といった案件が、多数アップされます。

昨今の少子高齢化の流れで、「介護」「老人ホーム」といった、シニアに関係する入札は、毎年増えています。

このように入札に出される案件は、世相や折々のイベントと密接に関係し、変化しているのです。

当社のセミナーに来られた方に、入札に興味をもった理由を聞いてみると、販路の拡大、顧客開拓の一貫として売上げを増やしたい、お客様を増やしたいということがあります。

そうした直接的な効果に加え、公告案件をチェックしながら、世の中の動きをいち速く感じとり、新たなビジネスチャンスに気づくことができるのもまた、入札の大きな魅力でしょう。

入札に参加するためには資格が必要

入札には、資格が必要です。面倒な手間がかかるのでは？　などと心配することはありません。

たしかに入札資格を取得するには、ほんの少し手続きが必要になります。書類もいくつかそろえなければなりません。

しかし、基本的には、税金をきちんと納めてさえいれば、資格は短期間で簡単に取ることができます。個人事業主などで、毎年税務署に確定申告をしている場合も、大丈夫です。

資格取得を代行業者に任せる（当社の入札参加資格申請代行サービスを利用したり、入札に詳しい行政書士に依頼する）のも一つの方法です。

けれども、前もって書類さえＰＤＦなどで準備できていれば、インターネットなら1時間程度の入力で、意外とすんなり資格申請はできるものなので、ぜひ一度は挑戦してみてください。

郵送や持参も可能です。インターネットでとりあえず入力だけを先に終えて、添付すべき書類をあとから郵送してもよいことになっています。

では、入札参加資格は、どこでどのように申請すれば取れるのでしょうか？

中央省庁については「全省庁統一資格」があれば、すべての省庁の案件に入札できるようになります。

外郭団体や地方自治体については、それぞれ独自の資格が必要となります。

申請の方法は各機関により異なりますが、郵送、インターネット、持参等の方法でおこないます。前もって準備しておく書類としては、法人登記や納税証明書、財務諸表等があります。

まず一つだけ資格を取るなら、迷わず「全省庁統一資格」をおすすめします。

「全省庁統一資格」を取ることで、各省庁における物品の製造・販売等にかかわる一般競争（指名競争）の入札に参加できます。

一部の外郭団体では、「全省庁統一資格」が適用される場合もありますし、これを一つ取るだけで、競争参加地域に所在する各調達機関すべてに共通して有効となる資格だからです。

業者のランクで入札案件が変わる

全省庁統一資格では、事業者の規模によってランク分けをおこないます。等級は、年間平均（生産・販売）高や、自己資本額などが点数で換算され、AからDまでの4段階（物品の買い受けは3段階）に分けられます。

資格の種類（物品の製造、販売、役務の提供等、物品の買い受け）それぞれにおいてのランクが決められます。このランクによって入札できる案件が変わるのです。

入札案件の資格の欄に、このランクが書かれていますので、自分が該当するランクに合わせて入札します。

個人事業主や小さな会社はDランクになります。このランクの案件には、大きな調達案件はありませんが、中小企業の入札参入を奨励する政策により、案件の全体数が増えてきています。そして、このランクの入札には大手企業は参加できないので、落札できる確率も高くなってきています。

参入障壁は現在とても低くなっていますので、今がチャンスだといえるでしょう。

詳しいランク分けの基準については、第３章を参照してください。

「一般競争入札」「指名競争入札」「企画競争」「随意契約」の違いは？

あなたは家を建てたいと思ったとき、どうしますか？

街を歩いていて、目についた工務店に飛びこんで、「家を建ててください」と、すぐに頼むなんてことはしませんよね。

たぶん、大手の工務店や地元の小さな工務店などをいくつかピックアップし、さらに「相見積もり」を提出してもらい、もっとも安く、もっともクオリティが高い業者に頼むはずです。

入札をわかりやすくいうと、個人ではなく国がやる「相見積もり」です。

入札には「一般競争入札」「指名競争入札」「企画競争（プロポーザル方式、コンペ方式）」「随意契約」の4種類があります。

初めて入札をする場合は「一般競争入札」から入ります。「一般競争入札」は、資格と条件があえば誰でも参加できます。そのため競争率が高く、場合によっては30社くらいが集まることもあります。

「指名競争入札」は、いろいろな条件をクリアした会社のみになるので、最初から3社から5社くらいに絞られます。たとえば、過去に一度何かを落札し、きちんと納品した会社が指名競争入札の対象になることがあります。

あなたの家が古くなって建て替えするとき、今の家が気に入っていて、前と同じ業者に頼んだとしましょう。これが「指名競争入札」です。

値段もクオリティもある程度わかっているため、あらたに工務店選びをするよりも安心感があり、一から選定する手間暇も省けるので、発注元にとってもメリットがあります。

「企画競争」は、おもに建築設計や広告制作など、クリエイティブな要素が高い分野での企画力・提案力を、複数の委託先候補のなかから選定する方式です。

企画競争には、受託希望者の企画力を問うプロポーザル方式と、提出された提案内容によって選定するコンペ方式があります。


あなたの会社が仕事を獲得していくためには、まず、一般競争入札を狙ってください。そこで何度か入札に成功して、実績をつくってください。すると、次年度から指名競争入札に指定される場合があります。官公庁にかぎらず、一度任せたことのある信頼のできる業者に声をかけたいのが依頼元のホンネです。

一般競争入札で落札して、その業務の質が満足のいくものであれば、新規の業者を入れるよりもずっと安心です。そうやって声がかかったら、しめたものです。

そこからは定期的に、馴染んだ仕事が発注される可能性が高いのです。もちろん、価格や内容などの競争はあるので、必ず選ばれるというわけではありません。

指名競争入札は、「資力、信用その他について適切と認める特定多数を通知によって指名し、その特定の参加者をして入札の方法によって競争させ、契約の相手方となる者を決定し、その者と契約を締結する方式」なので、一社ではなく同様の条件のある企業を指名してきます。指定方法は電話やメールなどによる連絡方法になります。直接連絡で入札参加を促すのではなく、「参考見積書」の提出依頼という前提があってから、入札参加依頼という流れが多いようです。

さらに入札には「ズイケイ」といわれている「随意契約」があります。

官公庁から、「今回の納品をあなたの会社でやってくれませんか？」と連絡がくるのです。これが入札のなかでもっともメリットがある契約です。

一般競争入札だと、能力のない会社まで安い料金で参入するので、あとでトラブルになることもあります。それを避けるために、最初から随意契約を結ぶこともあります。ただし「ズイケイ」には金額の制限があります。

また、工業製品の国際規格であるＩＳＯ（国際標準化機構）やＩＳＭＳ（情報セキュリティマネジメントシステム）などの特殊な資格を持っていると、取りやすくなることがあります。資格がないと入札できない案件もありますので、入札説明書をよく読むことが必要です。

では、「一般競争入札」「指名競争入札」「企画競争」「随意契約」について詳しくみていきましょう。

一般競争入札

「一般競争入札」の場合は、一部の例外を除いて、予定価格の制限の範囲内において最高（収入を伴う場合）・最低（支出を伴う場合）の価格をもって申し込みをした者を落札者とします。

一部の例外というのは、次の三つの場合で、最低の価格をもって申し込みをした者以外を落札者とすることができます。

●低入札価格調査制度

工事・製造その他についての請負契約において、

①予定価格の制限の範囲内で最低の価格をもって申し込みをした者の当該申し込みにかかわる価格では、その者により当該契約の内容に適合した履行がされないおそれがあると認める場合。

②その者と契約を締結することが公正な取引の秩序を乱すこととなるおそれがあって、いちじるしく不適当であると認める場合には、最低価格の入札者を落札者とせずに、次に低

い価格で申し込みをした者を落札者とするもの。

これは簡単にいえば、最低価格で入札した会社が、その価格では契約どおりの仕事ができないおそれがあるか、最低価格の会社と契約を締結することによってなんらかの公正でない理由が考えられるという場合に、最低価格でない業者を落札者とする場合がありますよということです。

●最低制限価格制度

工事・製造その他についての請負契約において、当該契約の内容に適合した履行を確保するためとくに必要があると認めるときは、あらかじめ最低制限価格を設けたうえで、予定価格の制限の範囲内の価格で最低制限価格以上の価格をもって申し込みをした者のうち最低の価格をもって申し込みをした者を落札者とするもの。

これは簡単にいえば、最初から適正な最低価格の基準を決めておき、それ以上の価格で入札したなかの最低価格の業者を落札とする制度です。

低入札価格調査制度

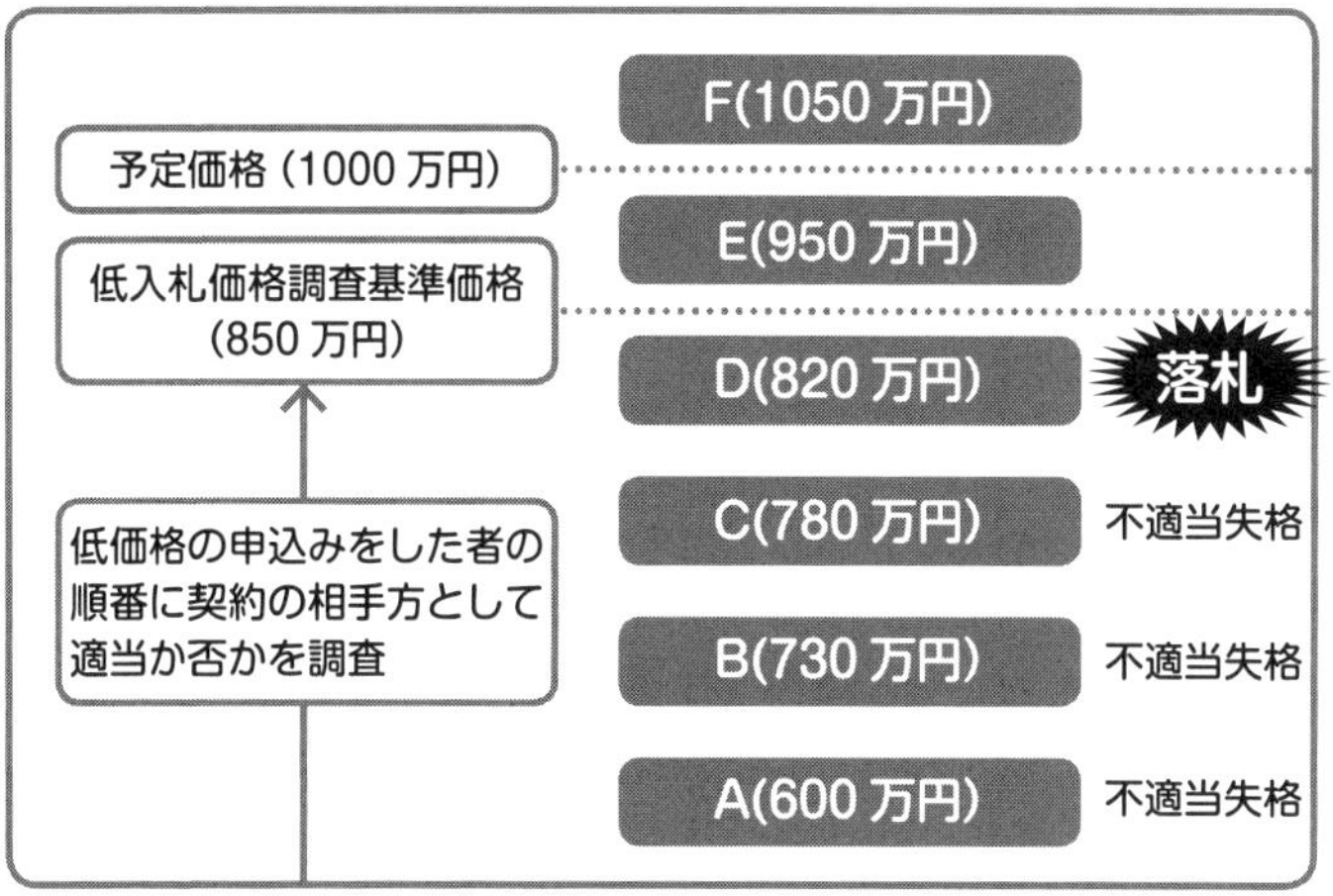

最低制限価格制度

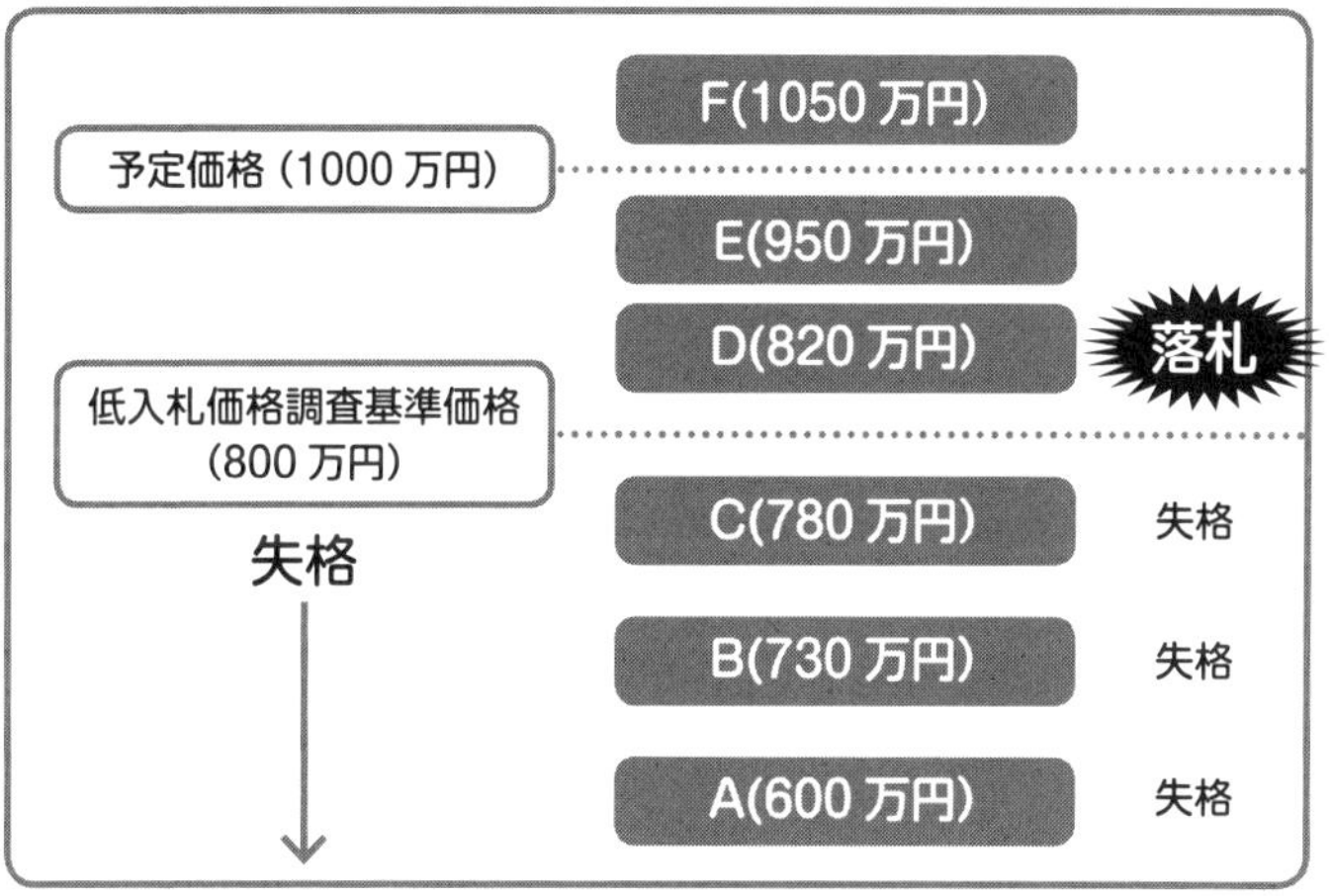

●総合評価方式

従来の価格のみによる自動落札方式とは異なり、「価格」と「価格以外の要素」を総合的に評価する落札方式であり、具体的には入札者が示す価格と技術提案の内容を総合的に評価し、落札者を決定する落札方式。

これは、値段だけで落札を決めるのではなく、さまざまな要素で総合的に判断するということです。

一般競争入札では、透明性、競争性、公正性、経済性をもっとも確保することができますが、契約担当者の事務上の負担が大きくなり、経費もかかります。また、不良・不適格業者が入ってくるおそれもあります。

地方自治法には、「売買、貸借、請負その他の契約は、一般競争入札、指名競争入札、随意契約またはせり売りの方法により締結するものとする」と記されています。

「一般競争入札」を原則としてはいるものの、公示期間を設けて募集をおこない選ぶので、

一般競争入札の流れ

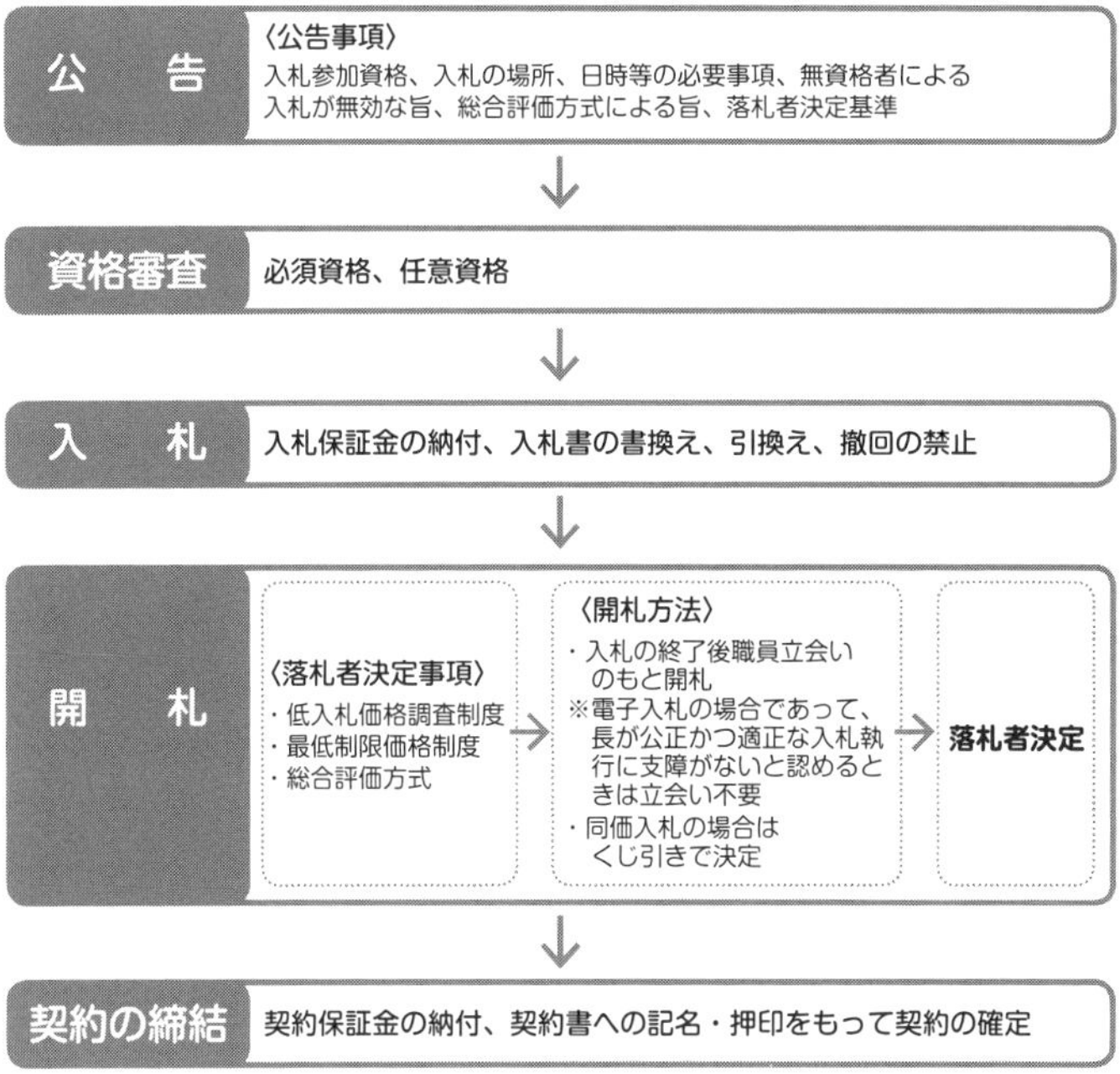

多くの作業や時間が必要となります。その結果、当初の目的が達成できなくなるなどの弊害が生じることがあるので、「指名競争入札」や「随意契約」による調達が例外的な取り扱いとして認められているのです。

指名競争入札

「指名競争入札」は、特定の条件により発注者側が指名した者同士で競争して契約者を決める方式です。発注者は受注希望者の能力や信用などを指名の段階で判断し、入札執行前に排除することができます。

地域貢献度を重視することや、事前にトラブルを防ぐことができるので、かつては地方公共団体を中心に入札制度の主流となっていました。けれども最近は、指名の際の選定基準について明確なルールがないことが問題視されています。

次の場合にかぎり、例外的に指名競争入札が認められています。

①競争に加わるべき者が少数で一般競争に付する必要がない場合
②一般競争に付することが不利と認められる場合
③契約にかかわる予定価格が少額である場合、その他政令で定める場合

指名競争入札の流れ

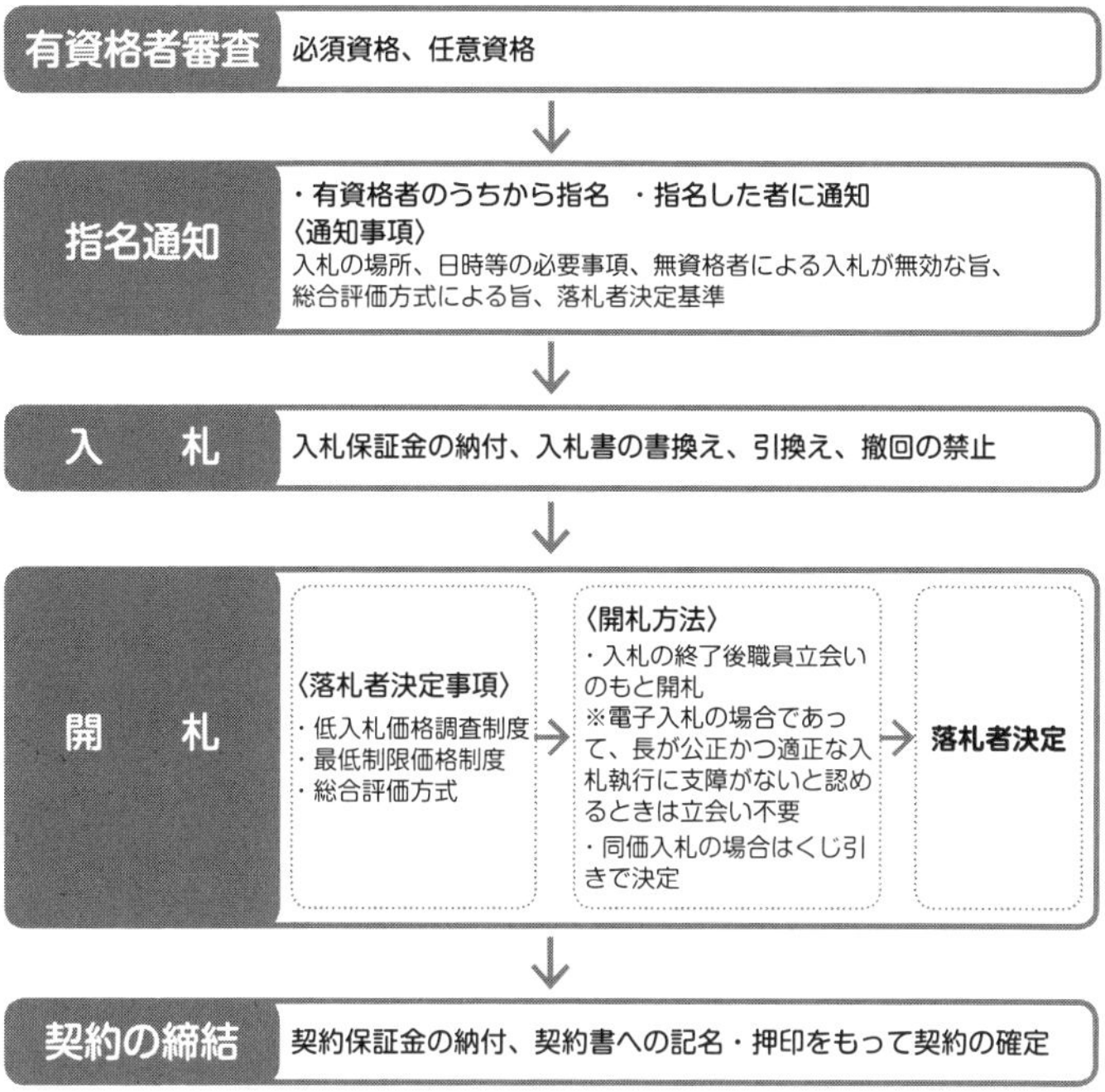

少額を理由に指名競争に付する予定価格の限度(国)は、「予算決算及び会計令第94条」に工事または製造の場合500万円、財産購入300万円、物件借入160万円、財産売払100万円、物件貸付50万円、それ以外200万円と明記されています。

④工事、または製造の請負、物件の売買その他の契約でその性質、または目的が一般競争入札に適しない場合

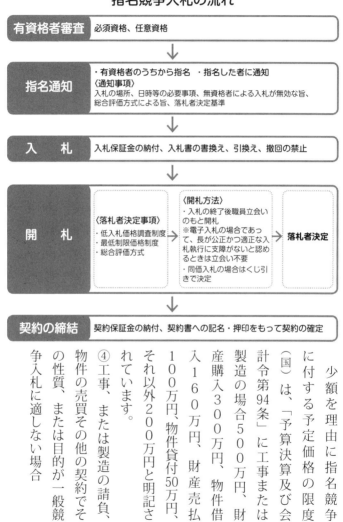

指名競争入札は、参加業者が少ないため、入札価格が高止まりしやすく、かつては官製談合の温床ともいわれていました。しかし、最近は少額入札が多くなる傾向にあります。

企画競争

企画競争は、複数の業者から企画提案や技術提案を提出させ、提案内容を審査し、そのなかで企画内容や業務遂行能力がもっとも優れた者と契約する方式です。公募や指名によって選ばれた受託希望者から企画・提案を募り、より目的に合った者を選定します。

企画競争は、公共建築物の設計、広告やPR、クリエイティブ系、調査・研究開発、コンサル業務など、特殊な技能や設備を要する案件で広くおこなわれます。

この入札方式には、

①プロポーザル方式

②コンペ方式

があります。

一言で説明すれば、①は受託事業者の業務遂行能力を重点的に評価する選定方式、②は技術提案書・企画提案書の内容で評価する選定方式です。

建設設計や技術提案の場合、コンペ方式では応募準備に多大な負担がかかり、企画案の最終形を評価されて選ばれるため、変更がききにくいという欠点があります。

このため、企画提案書をもとに提案業者の技術力や経験、運営体制、これまでの実績などを総合的に判断して選定する、①のプロポーザル方式が採用されるケースが多いのです。

随意契約

「随意契約」は、競争入札によらずに、任意で決定した相手と契約を結ぶことをいい、法令の規定によって認められた場合にのみおこなうことができます。

「随意契約」のメリットは、スピーディーに契約を締結することができることと、手続き

随意契約の流れ

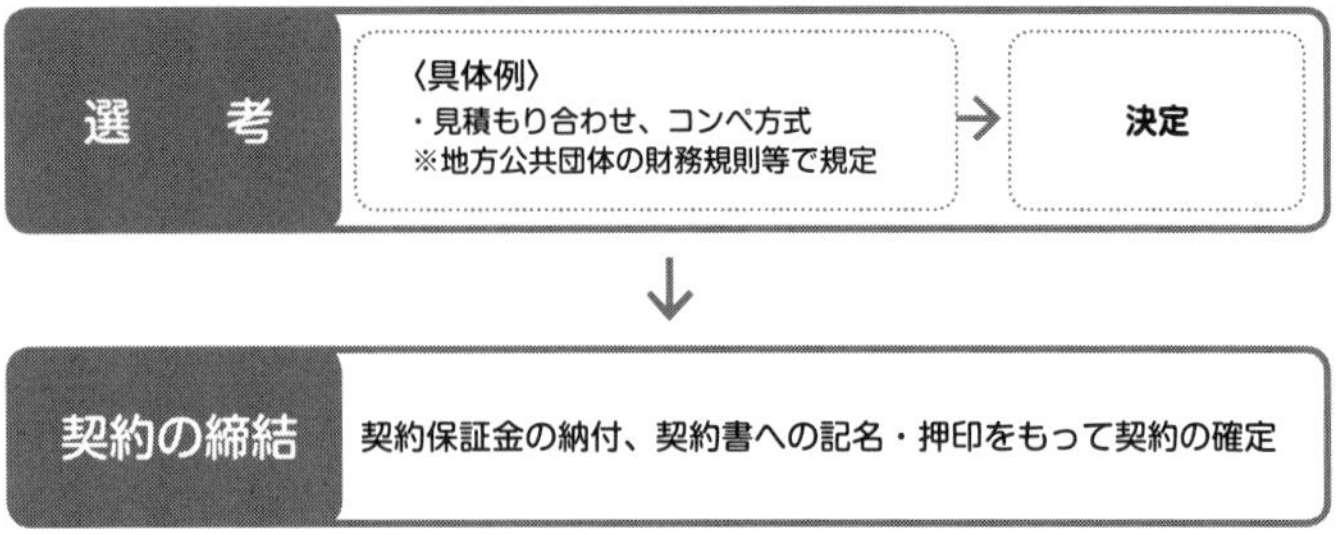

がシンプルで、小規模事業者でも参入可能なことです。デメリットは、競争性がないため落札率が高止まりしやすいこと、公平性や透明性に欠けることがあげられます。

　随意契約ができるのは、工事または製造の請負、物件の売買その他の契約で、その性質または目的が一般競争入札に適しない場合とされています。随意契約の種類としては、次のようなものがあります。

　発注者側の都合により、特定の事業者を指定して契約を締結する「特命随契（業者指定契約）」、災害時や人命救助など、緊急を要する場合に締結される「緊急随契」、定価格が少額の場合に、二以上の者から見積書を徴取して契約者を決める「少額随契」。

競争契約をおこなっても入札者がいなかったり落札しない場合、または、落札者が契約を結ばない場合に、最低価格での入札者との間で結ぶ「不落随契」。履行期限や契約保証金の免除等条件の変更をおこなってもよいですが、予定価格は変更できないことになっています。

もしも落札者が出なかったら？

一般競争入札で落札者が出なかった場合についての話が出ましたので、どうなるかについてふれておきます。

1回目の入札で落札者がいないとき、その場でただちに2回目の入札がおこなわれます。2回目以降の入札でも落札者がいない場合、入札辞退をしていない入札者のうち、最低価格で入札した者と相談し、見積書の金額が予定価格の範囲内であれば、その相手と随意契約を締結することができることになっています。

多岐にわたる発注元

あなたのビジネスを買ってくれる、発注元について見てみましょう。入札は、発注元の機関によっても少しずつシステムが違います。

初めて入札に参入するなら、まずは全省庁統一資格を取得して、その資格で入札できる案件から見つけていきましょう。

それがうまくいったら、自社により有利な入札案件を出す発注機関を探してみるのもよいでしょう。

①内閣府や総務省、法務省、外務省などの中央省庁

内閣府や総務省、法務省、外務省といった中央省庁です。

この中央省庁が出している案件は、「全省庁統一資格」さえ取得していれば、入札に参加することができます。

中央省庁からの発注は、入札金額もかなり大きく、３月の年度末をめがけて、10月から12月、１月までに入札案件が集中するのが特徴です。落札し、契約すると、中央省庁ご用達業者となり、金融機関などからの信用度もアップします。

ただし、次の例のように、説明書の「入札参加資格」のところに、エリアが限定されている場合もあります。

②都道府県、市町村等の自治体

入札といえば霞が関の中央省庁をイメージする人が多いかもしれません。しかし、実は地方自治体でも意外に多くの案件が上がってきます。

身近なエリアで発生する案件に入札することは、地域密着型の中小企業が最初の入札チャレンジをするにはとてもよい機会と思われます。

しかし、この都道府県、市町村には、全省庁統一資格が通用しないケースがあるのが難点です。

その場合には都道府県ごと、市町村ごとへの入札資格の申請が必要です。東京都の場合は、23区は一つの資格で一括申請できるようになっており、都と23区を申請すれば、だいたいことが足りるようになっています。

ただ、大阪のように毎年2月しか、申請を受け付けないというようなローカルルールの役所も少なくありません。こうした自治体に申請する場合、時期を逃すと1年待ちになる場合があります。複数の地方自治体で入札を目指すときにも、一つ一つルールを確認しなければならず、実は対応がとても面倒なのです。

その自治体独自の入札資格申請が必要な場合には、入札説明書のなかの「競争参加資格」または、「競争に参加する者に必要な資格に関する事項」「企画競争に参加する者に求められる条件」などといった項目で明記されています。

③独立行政法人や特殊法人

あまり知られていないのですが、独立行政法人や特殊法人からも入札案件は発行されています。

具体的にはNHKやJR、ゆうちょ銀行、宝くじ協会やJRA、あとわかりやすいところでは、国立大学や国立病院、国立研究所や国立美術館など多岐にわたり、その総数は膨大な数にのぼります。実は、この独立行政法人や特殊法人が狙い目なのです。

たとえば、昨年はＪＲＡが70周年だったために、サイト作成からプロモーション全般まで、かなり大がかりな入札案件が出ていました。

同じ頃、一橋大学の図書館のシステムの総入れ替えという案件も上がっていました。ゆうちょ銀行では貯金箱70万個や、ハンカチ20万枚といった販促グッズの入札が、大阪ではＵＲ賃貸の新聞オリコミチラシがよく入札で上がっています。それぞれの機構によって、傾向があるため、相性のよい調達機関を見つけるのがコツといえます。

地域限定の入札を見逃すな

霞が関の中央省庁は、全国の企業が入札に注目し、全国各地から参加するため競争率が高いのですが、地方限定だと競争率がぐっと下がります。実は、そこが狙い目で、地域限定の入札案件を落札できる可能性はぐんと高まります。

地域限定型一般競争入札制度というものがあり、入札に参加する業者の事業所所在地に関する要件等を定めておこなう一般競争入札のことです。発注過程をより透明化し、地域の住民にわかりやすい発注制度への変換を図るためのものです。

発注者側が思いのままに業者を選ぶのではなく、入札参加対象者自らが参加表明のできる機会の拡充を図ることにより、よりよい品質が確保されることを目的としています。

「地域限定型一般競争入札」で検索すると、工事の案件が多くあがってきます。けれども実際は、それ以外にも地方公共団体や、外郭団体などが出している地域限定の案件が多数あります。

地域に密着したイベントの企画案件や、調査案件など、自社の得意分野を見かけたら、ぜひ挑戦してみてください。

地域限定の案件に入札する際に、気をつけなければいけないことがあります。その地域の資格をもっていても、オフィスがその地域にないといけない、地元に支社を持っていなければいけない、市内に本社がないといけないなど、条件がさまざまなので、入札の説明書や公告の文中を確認しましょう。狭き門はチャンスということです。

自社のやりやすい案件を選ぶことも大きなポイントです。１０００万円規模の案件を中小企業ががんばって取っていることもありますが、自社のレベルで十分にできる案件、得意な案件を選ぶことが、仕事の質を確保する結果になり、信用につながります。

column

コラム

「地域密着型キラーコンテンツ作ってよ」そこからすべては始まった

私たちはＩＴ企業であり、情報提供業を生業《なりわい》としている会社です。

首都圏にお住まいの方は、「のりかえ便利マップという地下鉄の駅に貼ってある、青く細長いポスターを作っている会社です」といえば、ご存じの方も多いのではないでしょうか？

なぜ、私たちが入札という未知の世界に踏みこんだのでしょう？

「地域密着のＢｔｏＢのキラーコンテンツって意外とないんだよね。ナビットさん、商店街の人が目の色を変えて、毎日見るようなコンテンツ、そういうの作ってよ」

数年前、静岡県の某ケーブルテレビ局の担当者にいわれた一言です。この一言で、すべては始まりました。

なぜケーブルテレビ局が、商店街の人向けのコンテンツを探しているか？　というと、ケーブルテレビでは、よく「今日は○○商店街からお送りしています」などと、商店街でロケをやっています。地域密着の番組を制作する関係で、商店街の人たちととても仲がよいのです。

そしてあわよくば、番組のスポンサーになってもらったり、スマホを買ってもらったり、デジタルサイネージを導入してもらったりしたいわけです。でも、商店街にはそもそもそんなお金がないし、ＩＴに弱い。

だから、商店街の人たちも毎日、楽しみにして見るようなコンテンツがあれば、商談しやすい、ということでした。私たちも会社に持ち帰り、早速検討に入りました。

すると、たしかに今までの地域密着のコンテンツは、ＢｔｏＣはスポーツの勝敗や映画などのエンタメばかりで、ＢｔｏＢは地域ニュースや天気といった、ありきたりのものしかないことがわかりました。地域密着というカテゴリーのＢｔｏＢの分野に

column

は、キラーコンテンツが存在していない。そこだけ真空地帯になっていることがわかりました。

「さぁ、どうしよう？」残念ながら、そのときはなかなかよいアイデアが出なかったのです。

なかなかこれといった意見が見つからないまま、日々が過ぎていきました。

そんなさなかに、あの東日本大震災が発生したのです。

私たちの会社に大きな被害はありませんでしたが、それまで進んでいた多くの案件が延期や中止になりました。日本全体の経済がいきなりストップしたような、悪夢の数カ月が過ぎ、私たちも他の企業と同じく、混乱の渦に飲みこまれまいと必死に新たなビジネスを模索しました。

果てしなく感じられたトライアル＆エラーの繰り返しを経て、私たちはようやく一つの光明に出会いました。

それが、入札ビジネスです。

震災後の世の中では、たとえビジネスは停滞していても、ニーズは次々と生まれていました。そして、それらのニーズに応えなくてはならないのが、行政でした。私たちは、官公庁や自治体の入札情報に目をつけました。

自分たちの専門分野、ITとコンテンツビジネスにも多くのニーズがあることを知りました。調べてみると、一般競争入札では自分たちと変わらない、普通の事業者が受託しているのです。

自分たちでも入札できるんだ！

これまでまったく別世界の出来事だと思っていた、官公庁相手のビジネスへの扉が開いた瞬間でした。

しかし、実際に入札案件といっても、毎日、膨大な量の公示があり、どこの役所の、どの公示案件を探せばよいのか？　という状態で、まったく手つかずで、何から始めてよいやら？　といった状況でした。そこで！

入札に向けた「入札プロジェクトチーム」を震災から約1年後の2012年4月に5人で立ち上げました。ステイタスごとに担当者を決め、3カ月後、私たちは初めて落札に成功します！　落札金額はわずか27万円の世田谷区の調査案件でした。でもそのときは、全員泣いて喜びました！（本書巻頭のマンガにあるとおりです）。

column

その後、私たちは、厚生労働省、内閣府と立て続けに3件を落札し、初年度は9カ月で4件2000万円の落札となりました。

落札のコツがなんとなくわかって、すっかり気をよくした私たちは、この体験を生かして、セミナーを開くことを思いつきました。技術も経験も持ちながら経営に行きづまっている企業の経営者の皆さんに向け、入札のノウハウを伝えれば、きっと新たなビジネスチャンスをつかむのではないか。

ふと、震災の前に「キラーコンテンツを作ってよ」といっていた静岡のケーブルテレビ担当者の顔が浮かびました。

商店街のあの店もこの店も、情報さえ行きわたれば地元の市役所や公共の施設に自分たちの物品を納入できるはず。ＢｔｏＢコンテンツとして、これ以上のものはないのではないか！

はやる気持ちを抑えながら、私たちはすぐに行動を起こしました。

まずは入札自体が、地域密着のＢｔｏＢのキラーコンテンツとして、本当にニーズがあるかどうか？　を1年間かけて、全国的にテストマーケティングすることにしま

column

した。

そこで、２０１３年度は1年間で24回、全国で無料の入札セミナーを開催しました。

その結果、札幌や福岡といった地域はもちろん、大宮や横浜といった地域でも、入札セミナーは大反響で、20社限定のセミナーはどこも満席でした。

お弁当屋さんや携帯ショップ、印刷会社、旅行代理店といった、さまざまな業種の経営者が積極的に参加され、自社が入札できるような案件があるかどうかを熱心に検索していかれました。

この成功を足がかりに地方の商工会議所との共催セミナーをスタートし、たくさんの集客ができたことで、今まで知らなかった入札を告知し、会員同士を結びつけ、会員を維持することに活用するなどの新しい試みも開始されました。

地方の方の入札に対する関心度の高さを肌で感じ、これは本当に、地域密着のＢtｏＢのキラーコンテンツになりうるのではないか？　という確信を、現場のスタッフは持ったのです。

Chapter 3

第3章

たった30日で入札はできる

入札情報を収集する合理的な方法

入札資格を取得したら、いよいよ入札です。さて、どこから案件を探したらよいのでしょうか。

ここからは、実際の入札の現場でおこなうべきこと、注意すべきことを流れに沿ってお伝えします。

最初におこなうことは、案件を見つけ出すこと。これがなかなか大変なのです。

もし、「自衛隊にマスクを納品したい」などと商品名や納入先の希望が明確に決まっているなら、そのサイトに行って入札案件を探せばよいのですが、普通はそう簡単にはいきません。どこにどんな案件が出ているかさえもわからないのですから。

各省庁や自治体のウェブサイトのページには、「調達情報」「入札情報」などといったタイトルで入札案件が掲載されています。一つずつ各省のページから案件を探すのは、結構大変ですが、以前は紙媒体の入札公告が各省庁の掲示板に貼られていたのを見に行っていたことを考えると、ずいぶん便利になったのです。

入札に挑戦しようと考えている方、またビギナーの方には、一般競争入札の「ＷＴＯ対象外」に挑戦することをおすすめします。比較的少額の案件になります。参加したい省庁や自治体、特殊法人などのサイトの「調達情報」から入札案件を探します。新しい案件が下部に表示され、公告日が古いものが上部に掲載されているケースが多く、すでに入札が終わっていたり、書類の提出期限が過ぎていることもあるので、最新の案件から確認していくのがよいでしょう。

最初に迷ったり、悩んだりするのは入札金額かもしれません。

いったい、いくらで参加すればよいのか、他の会社はいくらで参加するつもりなのか。ここがビギナーの一番、頭を悩ますところでしょう。

「平成○○年度」と案件名に記載されているものは毎年であったり、数年に１回であったりと過去にも同様の入札がおこなわれている可能性があります。

省庁、自治体などのサイトの「調達情報」には過去の落札情報を掲載していることがあります。

こうした情報をうまく使って、金額の目安にしてみてもよいでしょう。

ただし、案件名がほぼ同じであっても、たとえば件数などの仕様が変わっている場合もありますので、見落としのないように注意してください。

膨大な量の入札案件を各サイトの調達情報から探し、また先に述べたように入札金額の目安を確認するため、過去の落札情報を探したりするのは、かなり骨の折れる作業といえます。

入札は、いかに多い情報のなかから、すばやく自社にあった案件を見つけるかにかかっていますから、一つずつサイトを訪問して、探すのは非効率ですよね。

私たちが入札を始めた頃も、そのことがネックになっていました。なんとか速く合理的に、わが社に合った案件を抽出できる方法はないのかと模索しながら、一つ一つのサイトを開き、そのなかから調達情報を確認していったものです。このあたりの苦労は、巻頭のマンガでも少しふれました。

あまりにも手間がかかっていたことで、「それなら案件を検索できるシステム丸ごとわが社で作り上げてしまおう」と考え、入札情報検索サイトの開発がすすめられたのです。そして『入札なう』が生まれました。このサイトの使い方は巻末でご紹介しております。

電子入札はまるでネットオークション

案件が見つかったら、いよいよ狙いを定めて入札手続きに入ります。が、その前にもう一つ、やっておくべきことがあります。それは、自分の会社で利用するコンピュータを、電子入札に対応できるように環境を整えることです。

近年、電子化やペーパーレス化が進んでいますが、国や地方公共団体も例外ではなく、徐々に電子化を進めています。

電子入札というのは、官公庁の入札担当部局と、各入札参加業者とをネットワークで結び、一連の入札事務をそのネットワーク経由でおこなう方法です。

紙での入札は、入札を希望する企業が所定の日時、場所に集合し、その場で入札します。そして、発注者が開札して落札者を決定する等の一連の手続きがおこなわれています。

電子入札では、これらの手続きをインターネット上で処理することによって、入札を希望する企業が発注機関に赴くことなく、自社や自宅で入札に参加できます。

電子入札の実施により、事務の効率化、透明性の向上、移動コストの削減等のメリットがあります。

2001年、国交省で最初の電子入札がおこなわれました。すでに15年くらい経った制度ですが、日々電子入札案件は増えてきています。電子でしか入札できない案件も多くなってきていますので、資格申請時には、以下のように環境をととのえておきましょう。

◇PCなどの動作環境を確認

ハードウェア、ソフトウェア、ネットワークなど推奨の環境があります。認証局により稼動環境が規定されている場合がありますので、ご利用になる認証局の稼動環境もご確認ください。

ウィンドウズであれば、どんなパソコンでも問題はありませんが、接続にあたってはインターネット・エクスプローラーでの接続になります。以前はバージョンが９で接続だったため、パソコンでのアップロードをしないよう心がけていましたが、最近は10も11も対応されているため、接続は問題がなくなっています。

他の業務と兼用する場合、応札者または発注者からのデータの確認や入札事務処理と他業務での処理が重なって思わぬ時間を要し、結果として応札時刻に間に合わなくなるような場合があります。〝専用機〟を準備してください。

◇ＩＣカードとＩＣカードリーダーを用意

電子入札をする際の利用者確認のために、ＩＣカードとＩＣカードリーダーが必要となります。ＩＣカードとＩＣカードリーダーとは、電子入札をおこなうにあたって、発注機関の電子入札サイトにログインするために必要なものになります。ＩＣカードリーダーをパソコンに接続したうえで、ＩＣカードをセットするとサイトにログインできます。

ＩＣカードを作るには、費用がかかりますが参加団体も増えています。電子入札コアシステム開発コンソーシアム事務局のサイトから、ＮＴＴネオメイトや帝国データバンクなどの一覧が出てきます。

このなかから1社を選択し、ＩＣカードを入手しましょう。電子入札コアシステムを採用しているすべての発注機関への入札参加が可能となります。

入札までの30日の流れ

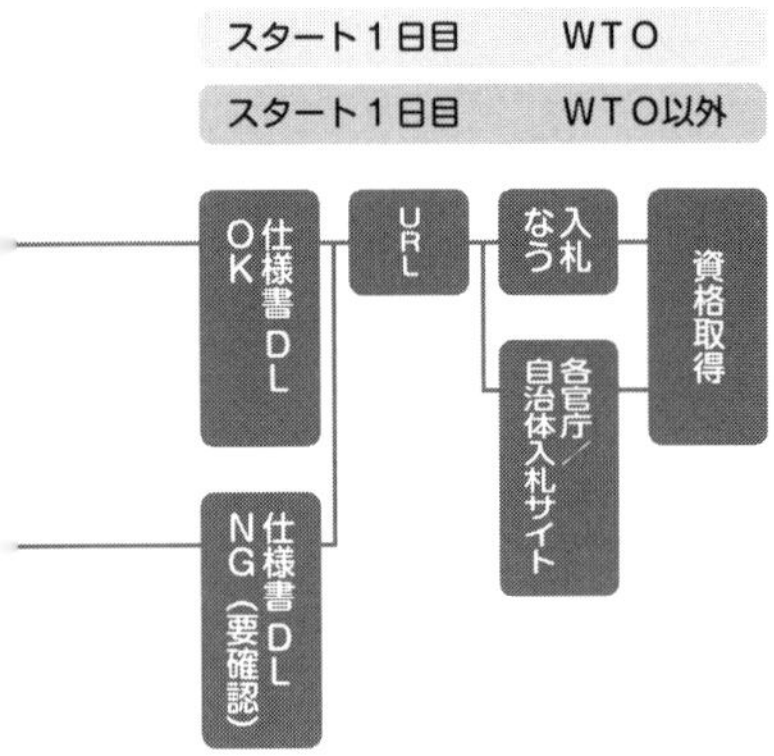

さあ、ここまでしっかり準備ができましたでしょうか。

資格を取得し、ネット環境を整え、発注先のサイトをめぐって自社が落札できそうな入札案件を見つけましたか？　受託事業者への行程はまだ

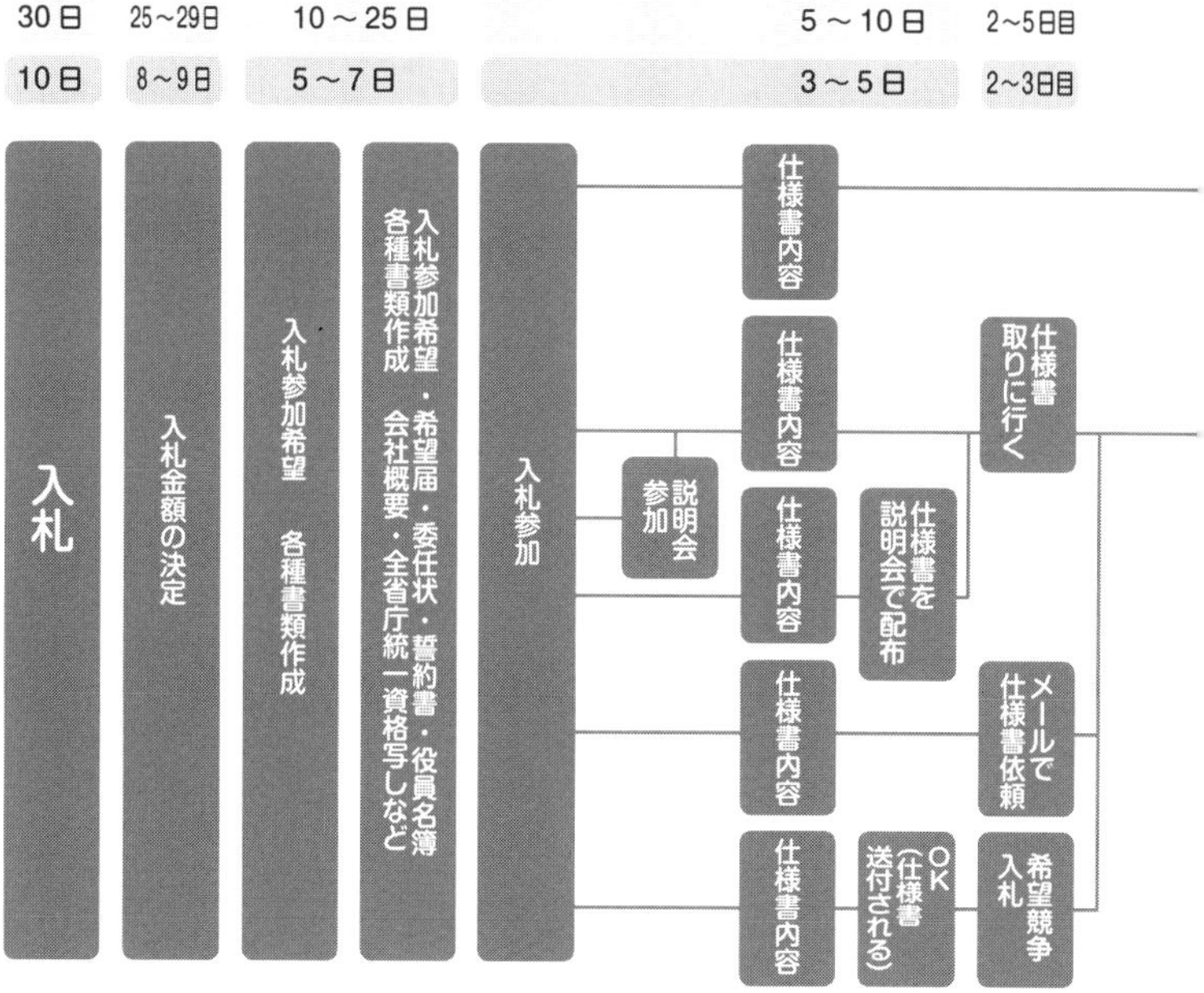

道半ば、これからが本番です。

入札を狙う案件を見つけたら、まず説明会に参加します。その後は、

①入札説明書を手に入れる
②質問をする
③入札する
④開札、落札者決定

という流れになります。案件によっては、説明書がサイトからダウンロードできる案件もありますし、説明会に行って、説明書をもらってこなければならない案件もあります。入札、開札、落札がすべて同じ

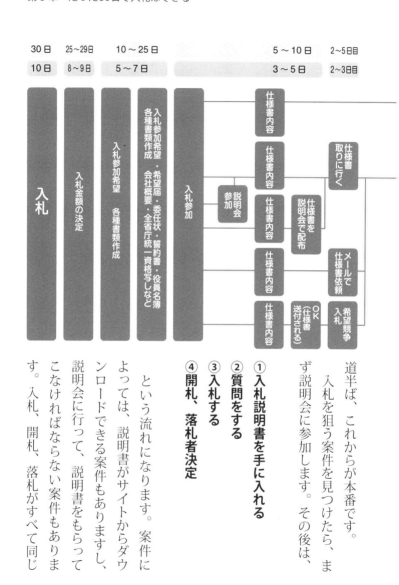

日の場合もあるし、別の日の場合もあります。

日程や方法は省庁や自治体によってそれぞれ違いますが、流れはどこも同じようなものです。

このスケジュールのなかで、入札に成功するためのカギとなるのは、入札説明書の読みこみです。

入札説明書（入札の日時、条件）のなかには、入札書、委任状、仕様書（仕事の内容やスケジュール）、誓約書、契約書案などが入っています。入札書は、そのものズバリ入札金額を書き入れて入札する紙です。委任状は、法人の場合は代表者の名前で入札するため、入札書を持参したり、電子入札する人は代表者から委任されないといけません。また、個人事業主の場合、入札を行政書士や代理人などに依頼する場合に必要となります。仕様書は、具体的な仕事の内容や詳細についてなので、自社でできる仕事なのかどうかを、前もって判断することに役立ちます。

では、次に入札説明書のどこに注意するか、見ていきましょう。

●説明書を読むポイント

◇等級

入札に必要な資格のなかでは、入札事業者を規模や能力によってランク分けされているところがほとんどです。

全省庁統一資格の場合、等級（ランクＡ～Ｄ）が記されています。これは資格をとる際に、ポイント制で付与された数値の合計でランクが決まり、資格審査結果通知書に記されています。ランクは年間平均生産高もしくは販売高、自己資本額の合計、流動比率、営業年数、機械設備等の額（物品の製造のみ）の５項目それぞれに明確な基準があり、「付与数値合計」として記されています。

たとえば、年間平均生産・販売高が、２００億円以上であれば、60点、１００億円以上２００億円未満であれば55点というように決められていて、それぞれの合計点が、90点以上はＡ、80点以上がＢというようにランクが決まっています。

項　目	付与数値（物品の製造）					
①年間平均 （生産・販売）高 （前2ヶ年の平均実績高）	200億円以上	200億円未満 100億円以上	100億円未満 50億円以上	50億円未満 25億円以上	25億円未満 10億円以上	10億円未満 5億円以上
	60点	55点	50点	45点	40点	35点
	5億円未満 2.5億円以上	2.5億円未満 1億円以上	1億円未満 5000万円以上	5000万円未満 2500万円以上	2500万円未満	
	30点	25点	20点	15点	10点	
②自己資本額の合計	10億円以上	10億円未満 1億円以上	1億円未満 1000万円以上	1000万円未満 100万円以上	100万円未満	
	10点	8点	6点	4点	2点	
③流動比率	140%以上	140%未満 120%以上	120%未満 100%以上	100%未満		
	10点	8点	6点	4点		
④営業年数	20年以上	20年未満 10年以上	10年未満			
	5点	4点	3点			
⑤設備の額	10億円以上	10億円未満 1億円以上	1億円未満 5000万円以上	5000万円未満 1000万円以上	1000万円未満	
	15点	12点	9点	6点	3点	

合計（最高点）100点

項　目	付与数値（物品の販売・役務の提供・物品の買受）					
①年間平均 （生産・販売）高 （前2ヶ年の平均実績高）	200億円以上	200億円未満 100億円以上	100億円未満 50億円以上	50億円未満 25億円以上	25億円未満 10億円以上	10億円未満 5億円以上
	65点	60点	55点	50点	45点	40点
	5億円未満 2.5億円以上	2.5億円未満 1億円以上	1億円未満 5000万円以上	5000万円未満 2500万円以上	2500万円未満	
	35点	30点	25点	20点	15点	
②自己資本額の合計	10億円以上	10億円未満 1億円以上	1億円未満 1000万円以上	1000万円未満 100万円以上	100万円未満	
	15点	12点	9点	6点	3点	
③流動比率	140%以上	140%未満 120%以上	120%未満 100%以上	100%未満		
	10点	8点	6点	4点		
④営業年数	20年以上	20年未満 10年以上	10年未満			
	10点	8点	6点			

合計（最高点）100点

①物品の製造

付与点数	等級	予定価格の範囲
90 点以上	A	3000 万円以上
80 点以上 90 点未満	B	2000 万円以上 3000 万円未満
55 点以上 80 点未満	C	400 万円以上 2000 万円未満
55 点未満	D	400 万円未満

注：船舶類にあっては、各省各庁が必要に応じ、別に公示する方法により示す。
注：国有林野事業で行う素材生産にあっては、林野庁が必要に応じ別に公示する方法により示す。

②物品の販売、役務の提供等

付与点数	等級	予定価格の範囲
90 点以上	A	3000 万円以上
80 点以上 90 点未満	B	1500 万円以上 3000 万円未満
55 点以上 80 点未満	C	300 万円以上 1500 万円未満
55 点未満	D	300 万円未満

注：船舶類及び船舶整備にあっては、各省各庁が必要に応じ、別に公示する方法により示す。
注：国有林野事業で行う造林にあっては、林野庁が必要に応じ別に公示する方法により示す。

③物品の買受け

付与点数	等級	予定価格の範囲
70 点以上	A	1000 万円以上
50 点以上 70 点未満	B	200 万円以上 1000 万円未満
50 点未満	C	200 万円未満

なお、統一資格に基づき実際に調達を行うに際しては、適正な競争性を確保するため、他の等級の競争参加が可能となるような弾力的な競争参加を認める場合がある。

このランク分けは単純にその企業のできる仕事の規模だと思えばよいでしょう。物品の販売ではCだけれど、役務の提供ではDだという企業もあります。また、各発注元によって基準が違うため、全省庁統一資格の役務の提供ではCだけれど、東京都の等級ではBという場合もあります。

Aだから入札案件がとても多く、Dだから極端に少ないということはありません。それぞれの等級に合わせた案件が、まんべんなくあります。ランクDが参加できる入札案件は、比較的小さい案件なので参加しやすいことから、人気が集中することもあります。

発注機関によっては、Aを避け、B、Cのみの場合もあります。また、C、Dなど中小規模の会社に応札させてあげようという場合もあります。中央省庁はA、B、C、またはD、というように幅を広げている案件が多いのですが、地方自治体の場合、CとかC、Dなど狭く設定されている例をよく見ます。

等級にはこのほかにも、東京都庁と東京の自治体の案件によく見られる順位（一位、二位）や、無格付けの「X」もあります（過去売上げ実績がない場合など）。また、N、S、SA、特A、AA、Aaなど、格付け「A」より上のランクもあり、一号、二号といった呼び方をする格付けもあります。

説明書には、この案件がどのランクの事業者を対象にしているのかが明記してあります。しかしそれ以前に、入札案件を検索する段階で、自分の会社の等級は対象になっているのかどうか、チェックしておくべきでしょう。

私たちも入札参加したての頃は、全省庁統一資格と東京都で保有していた等級が異なっていたため、うっかりして自社の保有等級と異なる入札に参加書類を提出したことがありました。当然のごとく、参加できない旨を伝えられ、すごすご社に戻ってくるという失態をおかしたこともありました。

◇プライバシーマークなどさまざまな資格

プライバシーマーク（個人情報について適切な保護措置を講ずる体制を整備している事業者等を認定）またはＩＳＯ（品質マネジメントシステムの国際規格）のいずれかが必要となっている場合や、プライバシーマークとＩＳＯまたはＩＳＭＳ（情報セキュリティマネジメントシステム）の両方が必要となっている場合などいろいろあるので、見落とさないようにしましょう。

財務諸表を扱う案件に関しては、日商簿記2級以上を持っている人が携わることとあったりします。

条件は、発注側がこの業者に頼んで大丈夫なのかという安心感をはかるものさしです。労働者派遣という案件がよく出ていますが、たとえば、労働者に求められる条件としてTOEIC800点以上、事務経験5年以上とあります。業務の内容に合わせた条件が提示されるケースがほとんどで、レベルをある程度合わせることが必要と考えられているのではないでしょうか。

資格や条件については、説明書を取りにいって初めてわかることもあります。

◇実績

案件によっては、受託希望者がそれまでにどの程度この業務の経験があるのかで、入札資格を制限するものもあります。

海外の情報収集をおこなう調査案件などでは、同類の仕事を5年以内にやったかどうかとかが条件になっていたりします。

自社には実績があると思っていても、先方の求めている実績との間に差がある場合もよくあるので注意が必要です。

たとえば、一般の市民を対象にしての調査ならやったことがあるけれど、法人企業に対しては経験がない場合だったとしましょう。書類を提出するときに、発注側から「企業相手の調査案件の実績を提出してほしい」といわれたりもします。

入札前に説明書や仕様書を読んで、事前に気づいて、あきらめざるをえなくなったりすることもあります。

◇説明会参加の有無

これは単純に説明会があるかないかです。ある場合は、必ず参加しなければ入札できないことがあるので、日程を確認しましょう。

説明会がある場合は参加してその際に質問をしたり、後日質問期間が設定されたりします。その間に聞きたいことは必ず聞きます。とくにその場で質問できる場合は自社の質問だけでなく、説明会に参加する他企業からの質問も聞くことができます。またその場で回答してもらえる場合もあるので、説明会の参加はそれだけでも収穫があるといえます。

後日、質問期間を設けられる場合は、自社の質問に対してのみの回答をもらえる場合と、自社と他社と合わせて全回答をもらえる場合があります。全回答をもらえる場合だと、説明会に参加したことと同様の収穫につながった、といえるでしょう。

◇提案書提出

提案書が必要な案件に関しては、金額が単純に低いだけでは落札できません。金額よりも、提案書を重視される場合が多くなります。

たとえば調査案件の場合、調査の手法、調査結果の回収率の上昇を目指すための手法、それぞれの項目に対してのスケジュール、案件に使用するパソコンの機種と台数、案件の履行を遂行するための体制図など、提案書の評価項目は細かく設定されています。

提案書を作成するのにも時間と労力が必要になってくるのです。

入札説明書のなかに提案書のひな形が入っている場合があります。そのひな形に書かれている提案項目で、もしかしたら意外にいけるんじゃないの？　と思い、提案書作成にチャレンジしたこともありましたが、結局は手法の項目で断念しました。

門前払いからケタ違いまで――入札失敗実話

私たちは、過去に何度も入札していますが、失敗もたくさん経験してきました。その多くは、事前に知っていたら、もしくは気づいたら対処できる問題でした。

実際に失敗をして学ぶことも大切ですが、他人の経験を参考に、その轍《てつ》を踏まないように気をつけて失敗を避けられるなら、それに越したことはありません。

そんな願いもこめて、私たちが過去の失敗から学んできた教訓と対処法を、こっそりここに公開します。

●書類の不備に注意！

入札は国や地方公共団体の役所がおこなうものなので、申し込みから審査、落札まで、誰が見ても間違いのない経緯を経て遂行される必要があります。あやふやな点や感覚的な判断が加わる余地なく、あとからトラブルが発生することもないように、すべて正当な手続きを踏んで、記録も残されます。

そのため、多くの書類が必要になり、その書類の必要事項すべてが間違いなく書きこまれていなければ無効になります。

普通に生活している私たちから見たら、「少しくらい見逃してくれてもよいのに」「融通が利かない、判で押したような対応」と、いわゆるお役所仕事に文句の一つもいいたくなります。しかし実際に署名一つ見落としたために、書類の正当性を失い、莫大な損害を発生させたり、他人の人生を大きく変えてしまうことさえあるのです。

手続き一つでビッグビジネスを逃すことにならないように、日頃から、どんな小さな申請書一枚にも隅々まで目を通して、封に入れる直前、窓口に提出する直前に再度確認をするくらい慎重に取り扱う癖をつけておきましょう。

そういう私にも、何度か苦い経験があります。

全省庁統一資格の写しを同封し忘れて入札手続きをおこなったことがあります。

誓約書の注釈に「法人の場合は、役員一覧を添付すること」とあるのに、読み落として、添付し忘れたこともありました。

書類の不備があった場合には、門前払いになる場合と、期間に余裕があれば再提出できる場合があります。

その意味でも期限ぎりぎりの提出ではなく、提出期限の前にいくらか日数に余裕をもって提出することをおすすめします。

最近では私たちも学習して、万が一不備があったときに備えて、時間的な余裕をもって入札するようにしています。開札が15時で入札書の提出期限が３時間前の12時であったり、さらには入札の１週間前に書類の締め切り期限を設けている案件もあります。

締め切りまでに書類は出すのは当たり前なのですが、それよりもさらに余裕をもって提出すれば、書類不備でも、担当者から「これとこれが足りません」といわれ、期限までに速やかに足りなかった書類を用意すればよいのです。もちろん、前もって不備のないように準備しておくのが理想的です。

官公庁などで、入札と同時に入札書類を持っていくことになっている場合は、書類不備だと門前払いになりますから、とくに気をつけてください。

門前払いになるもう一つの例として、提出書類の封緘《ふうかん》ができていない場合があります。

選挙の場合は封筒に入れずに用紙をそのまま投票箱に入れますが、入札の場合はそうした入札書は受け付けてくれません。まず入札書に金額を書き、封筒に入れ、封筒の表面に宛先、いつ開札のものかという日付、案件名（調達件名）、会社の名前を書くことが必須になっています。私たちは、最初の頃、これを知らずに失敗しました。入札書に金額だけ書き入れて持っていったら、封筒に入っていないということで門前払いを食らいました。

入札は、金額が見える状態で提出してはいけないのです。入札担当官が立ち会うのですが、開札までに中身が見えてはいけないことになっています。

●再入札を予測して白紙の入札書を余分に準備

入札と開札を同時にやる場合は「今から入札します」と入札書を担当官が確認します。電子入札と併用の場合は、どちらも見て「A社○○円、B社○○円」と読みあげられます。

入札金額が2社以上同じになった場合や、発注機関があらかじめ予定していた金額をオーバーしている場合は、その場で「再入札」になります。

このとき慌てないように、私たちは、万が一の再入札のことも考えて、入札会場には金額を書き入れていない入札書の紙と封筒を予備として持っていくことにしています。

発注機関が指定する入札書のフォーマットはバラバラです。説明書と一緒に入札書や委任状、仕様書が入っていますので、入札書をあらかじめ余分に用意しておくことも重要です。

再入札は、15分後、もしくは30分後までに提出する場合が多いです。その間に入札参加者は電卓をたたいたり、会社に電話をしたり、入札書をつくったりして、再入札の準備をするのです。

電子入札をした場合は再入札も電子でおこなわなければなりません。再入札のときは担当官から電話がきますので、またパソコンから金額を入力します。再入札の時間になったら、入札書があけられ、金額が確認されます。

●入札説明書をしっかり読み、質問をしよう

入札説明書を読むポイントは先に書きましたが、思いこみはとても危険です。当社では

以前、こんなことがありました。

東京で入札に参加したのですが、入札案件は遠方まで調査に赴いて、結果を送るというものでした。出張が必要な案件だったのです。当然出張費は別に出るものだろうとなぜか思いこんでしまって、入札する金額のなかには出張費を入れずに入札してしまいました。

けれども、出張費も入札金額のなかにあらかじめ入れておかなければいけないという案件だったのです。説明書などを読んでみても、出張費については明確に書いていなかったので、質問期間中（入札書を出す前）に聞くべきでした。

●電子入札はネット環境でエラーになることもある

電子入札は、便利な反面、ネット環境により、肝心なところでエラーになる場合があります。知り合いの業者が、電子入札で二度エラーになったのを見てきたので、インターネットの環境が安定していない場合は、安全のために紙の入札にするのもよいかもしれません。

ちなみに弊社では、万が一を考え、紙入札での参加ができる場合には、なるべく紙で入札することにしています。それは入札が確実にできるといったことや、再入札になったときに、その場ですぐに再入札の準備に取りかかれる、といったメリットもあるからです。

一度電子で入札してしまうと、途中で紙での入札は認められず、最後まで電子なので、注意が必要です。

●「ウチだけウォンで入札したんじゃないの？」

入札を始めて間もない頃、落札金額が数百万円の案件に対して、私たちだけ１０００万円以上で入札していたことがありました。落札金額が公表されたときに、10社くらいのなかで１０００万円超えしている会社は私たちしかなくて、入札会場でとても恥ずかしい思いをしました。

思わず「ウチだけ円ではなく、ウォンで入札したんじゃないの？」なんて、社員に突っこんでしまいました。

金額がはねあがってしまった理由は、データの検品に万が一を考え、一度の検品ではなく、ダブル検品を考えていたため、作業時間数を倍にして人件費を計算していたことと、管理費を多めに入れてしまったからだとわかりました。

この失敗以降はどの案件においても、管理費は10パーセントに設定して入札参加するようにしました。

●入札金額は安すぎてもいけない？

入札金額は、安ければよいというわけではありません。以前、弊社では件数を読みまちがえて計算していたため、とんでもなく安い金額で入札してしまったことがありました。

入力の案件で、概算で何件くらいの案件があるという数字の下に、「何人」という数字が入っていたのを見落としていて、本来、人数で計算すべき入札であったにもかかわらず、件数だけで計算し入札金額を出してしまいました。1件あたり複数の人数がいたため、実際のコストは2～3倍かかってしまう、といった失敗をしてしまったのです。

当然弊社が一番安かったのですが、発注機関が想定していた金額よりも大幅に安かったため、その場では落札企業として認めてもらえず、「低入札」で保留になってしまいました。あらためてなぜその金額になったのかという「低入札価格調査報告書」を1週間以内に提出するようにいわれました。

正直に、「本来正しい計算ではいくらだったのですが、書類を読み違えていました」と伝えました。

落札された価格を変更することはできません。もし変更する場合は、また最初からやり直しで、再入札となります。

もし、低入札になった理由がきちんと明確になれば、落札が認められます。

けれども仮に、弊社が落札を辞退する、履行できないと判断した場合、一定期間出入り禁止（指名停止処分）になりますので、入札ができなくなってしまいます（全省庁の一つの省で出入り禁止になっても、他の省や地方自治体では入札できる場合もあります）。

指名停止になってしまうと、指名停止業者として、社名がインターネット上に公開される場合もあります。

その当時、指名停止はどうしても避けたかったので、赤字覚悟で、落札された金額でなんとかやりました。そんな苦い経験があるので、入札前には必ず仕様書と金額を再確認してください。

●落札辞退は避けたいけれど

指名停止は避けたいのですが、弊社でもやむをえず落札を辞退したことがあります。それは調査対象の数がかなり多い案件でした。発注機関が、本当に弊社でやれるのかと不安になったのかもしれません。落札したその日に連絡が入り、「Cランクなのに本当にできるのですか？　全国の調査対象のリストを数日以内に作って提出してください」といわれたのです。

契約してから着手する予定で、実際にそのリストを作成するのはある程度の日数を必要としていたため、提示のあった数日間でリストを作ることはできないと判断し、契約前に辞退しました。契約後仕事が始まればやれる自信はあったのですが、契約前にリスト作成とその提出という条件により辞退はやむをえませんでした。おそらく発注機関は落札決定後、弊社がその案件を履行するのは難しいのではないかと考え、履行できるかを判断するための条件としてリストの提出をあげてきたのではないか、と思います。

発注機関が中央省庁の場合は、会計課が入札に携わり、契約を締結します。案件の仕様内容を決定したり、案件を進めるのは実働の部署になります。実働している部署が、落札した会社に参考見積もりなどを依頼しておらず、聞いたことのない会社だと思って不安になったとしても、一度落札した案件を省庁側が取り消すことはできません。

落札した企業が実働の部署に辞退の旨を伝えると、実働の部署が会計課に伝え、会計課で落札企業の辞退処理をしてくれます。すると、会計課から「いつからいつまで指名停止」という書類が送られてきます。


ここでは、弊社が以前「指名停止処分」を受けた話をします。

某省庁による入札で落札した後、担当者から連絡が入り、実際の履行が可能かどうか確認したいといわれ、翌日までに書類の提出を求められました。時間が足りないなか、書類を提出したものの、担当者への説得材料には至らず、結局辞退せざるをえない状況となりました。その後、正式に文書で「指名停止処分」が郵送で送られてきました。

停止期間は６カ月と短いようで長い期間、入札に参加できなくなりました。厄介なことに、なかには他の省庁でありながら入札条件に「他の省庁での指名停止処分中ではないこと」といったケースもありました。そのため、指名停止処分中は複数の省庁での入札ができない、という最悪のパターンになったのです。

●再度入札はチャンス

公示として案件のところに「再度入札」としてあがってきているものは、一度落札したはずなのに、何かあったのだとわかります。

その入札会場で、何度再入札しても発注機関が求める予定金額に達しなかった場合も、「再度入札」になりますので、すべて落札辞退があった案件というわけではありません。

某省庁で出された入札案件で、予定金額に達しなかったため、その場で再入札、再々入札、を経験しました。しかしながら、結局、再々入札でも予定していた金額に近い参加企業がいなかったため、後日「再度入札」になりました。そこから参加する会社もあるのですが、私たちは「再度入札」にも参加しました。しかしながら、やはり金額が予定よりも高かったようで、結局、「再度入札」でも落札企業はありませんでした。

私たちも「入札」「再度入札」を会場で参加しましたが、このような理由でお開きになってしまいました。

ところが後日、先方から電話があって弊社が一番安かったため、「お見積もりの作成、お願いできますか?」という話になったのです。何回やってもその金額には到達しないということがわかったのでしょう。

予定金額を出すためには、入札前に参考見積もりを業者からとったりするのですが、もしかすると予定金額を見誤ったのかもしれません。

予定金額は、消費税を入れて１０００万円以内だったのですが、１５００〜１６００万円の業者が多かったようです。弊社は１３００万円で契約に行き着きました。最終的には、一番安かった弊社に決まったことになります。

本来なら、落札してすぐに仕事が始まる予定で最初の入札を開始しているのでしょうが、最初にお開きになってしまってから、再度入札が出てくるまで2〜３週間はあったような気がします。そこから、10日以上たたないと入札できないので、結局二度目のお開き後に、弊社が仕事をスタートするときには、スケジュールがかなり厳しくなっていました。

同じ案件をその次の年には別の業者が落札しましたが、さらに次の年には、再度私たちが落札しました。

再度入札になる場合はいくつかあります。

値段の折り合いがつかない場合、落札企業が履行できないと辞退した場合、落札した企業が暴力団とのつきあいがあったと判明し、入札取り消しになった場合などがあげられます。

数々の失敗例をあげてきましたが、これらの失敗を避けるためには、とにかく数をこなすことをおすすめします。

説明書や仕様書の詳細を確認し、不明点は質問をすることも大事ですが、もう一つ、スキルアップに欠かせないのは、経験値を増やすこと。

経験値はヒューマンエラーを最小限に減らしてくれます。

Chapter 4

第4章

入札成功のカギは落札情報にあり

落札にはコツがあった！

私たちのセミナーに参加された経営者にアンケートを取ったところ、1年以内に落札を経験した人は、約50パーセントにも上りました。これは驚くべき数値です。また、2年で見ますと約80パーセントの人が落札に成功し、売上げにつながる大きなマーケットを発掘したといえます。

しかし逆にいえば半数の50パーセントの人は、セミナーでやる気を出して入札に参入したにもかかわらず、1年以上も連戦連敗ということになります。もちろん、それぞれの入札頻度《ひんど》はわかりません。一度やっただけで諦めてしまった人もいるかもしれません。

でも、もしもその人が何度入札してもうまくいかず、巨大な入札市場のなかであふれかえるほど流通しているはずの委託案件を、ことごとく同業他社に目の前で奪われているのだとしたら、それは何か間違った方法で入札に挑んでいるとしか思えません。

そう考えれば、たしかに入札にはコツがあります。それは、魔法のひとふりで素晴らしい効き目が期待できるものではなく、むしろ傾向を読み、対策を練る戦略的なものかもしれません。

すでに入札に参入して、あまり成果が上がっていない方々は、ぜひ、この章を読んで、それからこれまでのご自身の入札履歴を振り返ってみてください。

入札のうまい会社とへたな会社

落札にはコツがあるといいましたが、たしかに、落札するのがうまい会社とへたな会社があると感じています。

私たちはけっしてうまいとはいえませんが、何件か落札してきており、皆さまにこうして本で入札のノウハウを語るくらいになれたのは、やはり場数を踏んだからにほかなりません。

場数を踏んで入札慣れすれば、書類の作成も手慣れてきてミスも少なくなるし、説明書や仕様書の読み方もこなれてくる。もちろん、それは間違いありません。

しかし、私が場数を踏むことをおすすめするのは、もっと感覚的なところです。入札を目指してつねに案件情報に注目すれば、需要の流れが見えてきます。金額的な落としどころもわかってくるかもしれません。場数を踏めば、そういう「入札眼」を鍛《きた》えることにつながるのです。

入札案件は年間を通じてあがってきます。もちろん業種にもよるし、案件にもよりますが、春から夏にかけては規模の大きな案件や提案型の案件が多く、年末から翌年2月にかけては期末ぎりぎりのスピード感を求められる案件が多いのではないでしょうか。

私たちは多いときには、月に4、5件入札に参加したこともありました。今はやみくもにへたな鉄砲を数打つのではなく、大きめの案件を年間4、5件に絞っています。年間を通じて案件を見ているうちに、どういう案件がいつ頃あがってくるかという傾向と対策が、だいたいわかってきます。

とはいえ、イレギュラーな案件もありますので、一概にはいえません。とにかくずっと見ていること、参加してみることが大切です。そのうちに、自社に合った案件、得意な案件などもわかるようになるでしょう。

この本を読んでくださっている皆さまも、何度か入札を経験するうちに、自分たちならではのやり方、自分たちにしか取れない仕事を見つけてくるのではないかと期待しています。

らくらく落札できる10のコツ

私たちがこれまでの経験から培《つちか》った入札の戦術をここにあげていきます。

①過去の落札金額、競合を調べる

まずは、入札金額の設定をする際に、過去の類似した落札金額をみて相場感を知ることです。案件名に「○○年度」とあるものは、昨年も入札案件として出ている可能性が高いので、落札金額が公表されていれば、入札金額を決めやすいといえます。昨年の落札金額に合わせるというよりは、まずは自社の基準で見積もってみて、なるべく金額を下げます。案件名が同じでも仕様内容が変わっている場合も多いので、昨年の落札金額は目安の一つとしての捉えたほうが無難です。

また、落札した企業や、それ以外の競合にはどんな企業があるのか、その企業がほかに入札したり落札している案件はないのかなども、調べるとよいでしょう。

②入札説明書を熟読する

入札説明書には、資格、条件、仕事の概要や納期など重要なことが書かれています。まずはすべてを熟読して、入札にのぞみましょう。入札金額を決めるときに、鍵となるのが説明書、なかでも仕事についての詳細が書かれた仕様書です。出張交通費、発送費などもできるだけ詳細に見積もって金額を決めましょう。

③質問期間に詳細を確認する

入札説明書に書かれていない内容で、疑問があれば、必ず設定された質問受付期間、あるいは説明会の場などで聞きましょう。わからないままに、曖昧な見積もりをして入札すると、後悔する結果になります。

打ち合わせは何回なのか、人件費、交通費はどのくらいなのかなどをあらかじめ明確にしておく必要があります。

質疑応答集は、中央省庁の場合、エクセルでまとめたものをメールで入札説明会に参加した人全員に送ってくれる場合があります。

東京都で、電子のみでおこなわれた入札案件があり、その場合は、質問も期限内にインターネット上にアップロードするようになっていました。回答は自社だけでなく希望申請を出した企業全員が見られるよう、一定の期間インターネット上で公開されていました。希望を出して、それが通った場合「希望指名入札」として参加できるという案件でしたが、指名が通った会社7～8社が、ログインして回答をみられる仕組みでした。

④見積もり公募に注意

たとえば、国土交通省の大型案件は公開する2カ月前くらいに公示予定として「○○月くらいに公示をする予定です。参考見積もりを募集しています」というようなお知らせが出ます。このように発注機関の調達案件のなかに入札公告にまじって、参考見積もりの公募もありますので、問い合わせ先が書いてありますので、そこにあらかじめ見積もりを送ることができるのです。私たちの場合は残念ながら、見積書を作るのも手間がかかるといった理由で提出したことがありません。けれども、この公募が前もって発表されるおかげで、少し先に出る案件の予測ができて、正直、入札予定がたてやすくなります。

⑤入札エリア、営業品目にも注意

入札エリアや営業品目を広げたければ、資格の変更届けを出さなければなりません。競争参加地域や営業品目は、最初から多めに広げておいたほうがよいといえます。営業品目を追加するときは実績が問われます。私たちの場合も、最初は一部の営業品目だけで資格を取得していましたが、入札範囲を広げるため、該当する営業品目を途中で追加することが必要になりました。資格に追加する品目に関する売上げが、全体のうちの何パーセントかを証明する営業品目の売上高表を資料として提出したことで、資格に営業品目が追加されました。できれば資格申請の際に、エリアと品目について、よく考えておいたほうがよいでしょう。

⑥得意分野をいくつか組み合わせて勝負しよう

たとえば入力や印刷などは、その品目単体では、単価が低い専門業者がたくさんいます。

私たちの場合ですと、そのような単体での入札では勝ち目がありませんので、複数の業務を必要とする入札に参加するようにしています。自社の得意分野、たとえばイベントの運営や、調査、企画、デザインなどを組み合わせて、総合的な評価がもらえる案件に入札するのがよいでしょう。

広い範囲での案件に対応できるチームを、社内で作るのもよいでしょう。たとえば、自分の所属する部署でデザインができなければ、デザインができる部署や人と組むということです。

私たちは、入札にかぎらずですが、部署をこえてのチームづくりを社内で積極的におこなっています。社内のそれぞれの部署にいる人たちで構成されたチームができると、案件も偏《かたよ》りがなく参加しやすいというわけです。

⑦倍率の低い地方の案件を狙おう

中央省庁の案件は人気が高く、注目度も高いため、当然入札する企業数も多いので、落札できる率は低くなります。競争率が高い分、入札金額も下がりがちです。一方で、地方自治体など地域に特化した発注機関が出す案件は、比較的競争率が低いものが多くあったりします。

⑧発注機関の案件の傾向を知ろう

できるだけたくさんの案件をチェックすることで、発注機関がどの時期にどんな案件を出すのかがわかり、また過去の傾向や定期的に出る案件の種類なども明確になります。入札前に、見積もりを公募する場合もあるのでよく見て、年間の傾向をつかむことで対策が練りやすくなります。

⑨最初のうちは会場に足を運ぼう

電子入札は会場に行かなくてよい分、とても便利なのですが、ネット環境との相性やリスクもあります。いざというときに電子入札でシステムエラーになり、入札できなかった例も、過去に他社から何度か聞いています。

また、書類不備があればその場でわかるメリットもありますので、慣れるまでは、できるかぎり会場に足を運び、担当官と名刺交換をするのもよいかと思います。ちなみに私たちは、紙で入札することが多いです。

⑩ヤフオクのような電子入札にも挑戦しよう

電子入札はまるでヤフーオークションのようで、ボタン一つでできます。発注機関から離れていても、慣れれば簡単に電子入札ができるようになります。

紙の入札の場合は、入札書に金額を記載し、捺印のうえ、三つ折りにして封筒に入れ、宛先を書き、開札日、案件名、会社名を書き、封緘印を押したものを入札会場に持っていきます。電子を推奨している発注機関の場合は、紙で入札する理由書を書いて提出しなくてはいけない場合もあります。

しかしながら、電子入札なら、そういう手間が一切ありません。カードリーダーにカードをさしこみ、業者コードを入れてパソコンでログインし、ＰＤＦにした委任状、下見積書などをｚｉｐ圧縮して一気にアップロードします。入札金額は、入力をするだけです。

私たちの会社の所在地が東京でなければ、電子入札をメインにしていると思います。案件によって、紙と電子の入札をうまく使い分けるのが賢明でしょう。

説明書をていねいに読みこめば、落札後が見えてくる

入札したい案件を見つけ、その内容を知りたいときには、案件ごとの説明書をしっかり読まなければなりません。なぜなら、「募集公告」には、重要なことがあまり書いていないからです。重要なのは「説明書」です。

説明書には「有識者を複数名集めなければならない」というような条件や、「この業務を○○年間やっていないとできない」というような重要な要素が、さりげなく書いてあります。

中小企業で、大学教授などの有識者を何人も抱えているところはまずないでしょう。専門業務を長年やっている中堅のベンチャー企業でもクリアするのは困難なはずです。つまり、この案件は「一般の中小企業は参加が難しい」ということなのです。

日本には、社団法人や財団法人などいろいろな法人格がありますが、なかには、省庁の出身者を受け入れている法人もあります。このような特定の団体が比較的落札していたり、

落札頻度が高い場合は、一般の中小企業向きではないと考えられます。入札に参加する場合は、その事業所で業務にかかわる省庁の出身者を、書面でもって明らかにしないといけない案件があるというのも事実です。

もう一つ注意しなければならない点が「落札価格」です。仕様書の読みが甘いと、赤字になってしまうおそれがあるので、しっかりと読みこんでください。

たとえば、官公庁が予定している落札予定価格よりも、入札金額が大幅に下回った場合は、すんなり落札とはならず「低入札調査」が入ります。調査の結果、「その金額では役務ができないだろう」と判断された場合、一定期間指名停止になってしまうのです。もちろん、指名停止になると、入札に参加することができなくなってしまいます（他の地方自治体の入札には参加できる場合もあります）。

これを避けるためには、質問を有効に活用し、入札前に疑問点を明確にしてください。

たとえば、「調査票回収のための督促電話を請け負う」という仕事が実際にありました。ところが、仕様書には、「相手が不在の場合に、何度電話をするのか?」という細部までは書いてありません。このような場合、説明会があるなら、説明会で質問をする、説明会がない場合や説明会で質問できなかった場合は、質問シートに質問内容を記入して担当係官宛にメールで送るか、一定の期間内に指定された方法で質問をします。

仕様書には、すべてのケースが細かく書かれているわけではありません。入札したい人が先回りをして、担当係官宛てにすべて質問し、回答を得ておくことが大切なのです。

落札することだけが目的ではない

落札のコツさえわかれば、いくらでも案件は存在するので、仕事の話がなくて困るということはなくなります。注文が来るのをひたすら待つ、お客様から声をかけてもらうのを待つ、といった経営ではなく、攻めの経営に転換できますので、積極的に仕事をとることも可能になります。

ただ、いくつか気をつけなければいけないことがあります。

複数の案件に入札して、同時期に複数案件を落札してしまった場合です。

私たちも経験があるのですが、同時期に大きな案件を複数落札した場合、社内の体制が整っていればよいのですが、オーバーワークになってしまうことがあります。私たちは、同時期に複数件落札してしまい、人手不足で担当者たちの負荷が高まり午前帰りが数カ月続いたこともありました。

１件の落札なら十分な人員を確保していましたが、まさかの連続落札であったため、社員の仕事調整と作業員不足が想定されました。そのためアルバイトの求人を急きょおこなわなければならず、かなりのハードワークになりました。なんとか仕事はこなしたものの、あまりのハードさに納品が完了したあとに、退職してしまった社員やアルバイトがいたほどです。


実際に落札した場合に、社内だけで仕事を回せるかどうかを考えて、計画性をもって、入札することをおすすめします。無理をしすぎないよう、複数落札した場合も考えながら入札計画を立て、スケジュールやキャパシティも考慮のうえでおこないましょう。

また、安く見積もりすぎて、いざ仕事を始めたら赤字にならないように気をつけなければなりません。

私たちに、以前こんなことがありました。

ある案件に目をつけ、前年の他社の落札金額を調べました。ところが、いくら計算してみても、前年の落札金額130万円を大幅に超えてしまうのです。これはおかしいと思い、さらにその前年の落札金額を調べました。するとその年は、シンクタンク系の企業が500万円くらいで落札していたのです。

ちなみに、私たちが見積もった金額は、人件費をかなりコストカットして270万円くらいでした。

そこで270万円で入札したところ、すんなり落札することができました。この案件は入札に真剣に取り組み始めてからわずか二カ月後のことですから、意外に早く簡単に落札できたといえるのではないでしょうか。

これがもし、前年の落札金額を目安に考えてしまって、たんにコストをその金額に合わせようと無理に金額を下げて入札してしまっていたら、完全な赤字です。前年の落札金額を参考にするのは、落札のコツですが、あくまでも自社の基準で正確な見積もりをしてから入札金額を決定しましょう。

会社にひとり入札のプロを育てよう

私たちは、最初の頃に入札プロジェクトを５名のメンバーで作りました。入札は一人でもできますので、メンバー全員が他の業務との兼務で取り組みました。

入札は３年ごとに資格の更新をしなくてはなりません。全省庁統一資格だけならシンプルですが、地方自治体やその他の資格もそれぞれに資格の有効期間が決まっており、定期的な更新が必要なので、その時期を一つ一つ覚えておくだけでも大変です。

誰かがマニュアルや管理表をつくっておいて、担当者が不在でも誰でもできるような体制をつくることをおすすめします。管理表はどの発注機関、自治体の資格期間が切れそうなのか、更新の時期を迎えるのかを確認するのに重要です。

入札は、回数を踏めば慣れてくるので、同じ人がずっと入札金額などの算出をおこなっていたほうが効率はいいようです。

私たちの場合は、担当者Ａが、毎朝入札のチェックをします。前日一日分の入札案件を確認します。

自社に関係のない案件は全部はずしていって、案件名で判断し絞りこんでいます。担当者Ａが抽出した案件を担当者Ｂに引き渡し、担当者Ｂがさらに５～６件くらいまで絞りこみ、中身をみて、ランク、条件が合わないものをはずしていきます。その結果、残る案件がゼロのときもあれば、数件残るときもあります。

次に、それらの入札公告をプリントアウトして、その場でもう一人の担当者Ｃ（弊社ではアルバイト）に渡します。担当者Ｃは説明会に行く日程を確認したり、説明書を手に入れてもらったりします。

担当者Ｃは、その日の案件だけではなく、前日に渡した案件も、リスト化してまとめて移動に無駄のないスケジュールをたてます。厚労省に行って、内閣府にも寄って、というように、複数の説明書を一日でまとめてもらってきます。

担当者Ｃが入手してきた入札説明書は担当者Ｂに渡され、公告には書かれていなかった詳細の入札条件や仕様を確認し、説明会参加の有無を決定します。

担当者Ｂは担当者Ｃに説明会に行ってきてほしいものだけを入札説明書を渡すとともに依頼し、質問してきてほしいことをメモして伝えます。

担当者Ｃは、説明会に参加し、他の参加者の質問の答も含めて担当者Ｂに伝えます。

このように、私たちは入札に詳しい社員とアルバイトの少人数でおこなっていますが、一人でも十分にできる内容だと思います。

残りの二人のメンバーである担当者Ｄは、入札金額の決定と各省庁との窓口。担当者Ｅは全省庁統一資格、各自治体への資格申請、それに履行期限までのコスト管理をしています。

落札した案件の主担当は、あくまでもＡおよびＢがおこなっています。

効率よく情報を集めること、説明書を読みこむことが重要ですが、実際に入札に精通している人を一人は決めておいたほうがよいでしょう。説明書を読みこむのはコツがあるため、慣れた人のほうが速いし、正確だからです。

また、入札は電子とはかぎらないので、説明会に行くなど、自由に動ける人、通常業務に振り回されずに、比較的入札に時間をかけることができる人が適任です。

入札時に金額を決める際には、原価の計算ができる担当者が身近にいたほうがよいでしょう。

最初は「損して得取れ」

一般競争入札は、通常は一番安い企業が落札します。入札をはじめたばかりでしたら、利益は低めで、とにかく仕事をとっていこうという姿勢で入札にのぞむことをおすすめします。少し無理をしてでも、仕事をとってしまえば、ネームバリューと安心感、安定感を得られるところにつながっていきます。

会社案内やウェブサイトなどに、自社の取引先として内閣府、厚労省など官公庁をいくつもあげている企業があります。取引先に官公庁を記載することで、信頼が得られるからでしょう。そういう企業は、入札に力を入れていらっしゃるのか、よく入札会場でおみかけします。

損して得取れという言葉どおり、一度落札して仕事をしたら、その翌年にも参考見積もりを出してほしいといわれることもありますし、何度か落札しているうちに、安定した収入も期待できるようになります。

相性がよい発注先と悪い発注先

私たちが落札している案件は、比較的厚労省と内閣府が多い傾向にあります。総務省は提案書が必要な案件が多く、提案書を作成するのに時間がかかるため、なかなかチャレンジができずにいます。

その点、厚労省や内閣府は提案書なしでも参加できる案件があり、入札の公示数も多いため参加頻度が高くなるのです。

このように、入札の場数をある程度踏めば、自社にあった案件を多く出している発注機関がどこかを見極めることができてきます。

発注機関との相性は、仕事と案件の内容を含めて、自社が提案しやすいもの、ふだん民間との仕事のノウハウを生かせる案件がやりやすいということになります。早く相性のよい発注先を見つけ、集中して入札をするようにできれば、効率よく落札できるようになるかもしれません。

参加するだけで意義がある

たとえ落札しなくても、入札に参加するだけでもメリットはあります。発注機関から前年度入札に参加した会社に、「参考見積もりをお願いしたい」という依頼や、「入札公告が出たのでまた参加してほしい」と連絡をいただくこともありました。公平さを保つために、少ない参加企業で入札をおこなうより、より多くの企業に入札へ参加してほしいに違いありません。

過去の落札案件情報では、入札したすべての会社名と金額までも公開される場合があります。

どこが落としているのかを知る以外に、落札企業に営業をしてくる会社もあります。ランクが低いために入札に参加できない場合でも、入札参加企業の下請けにはいることで売上げがあがることもあるのです。再委託は禁止となっている場合も、50万円以下など一部だけの再委託なら可能な場合もあるからです。

某商品の店頭価格の定点観測1年間という案件が入札に出ていました。

某商品の値段を、指定エリア３００店舗で毎週月曜日に価格を確認して報告するというものです。

Ｍ社が落札しましたが、私たちの取引先のＴ社から連絡があり、私たちに一部業務の依頼がありました。

落札してから業務がスタートするまでに1週間しかなかったので、Ｔ社の担当者と一緒にＭ社に行き、打ち合わせをおこないました。私たちは前述の価格調査をおこない、

Ｍ社が分析をして報告する内容でした。弊社はコンサル業務が苦手なため、調査だけを切り離して依頼してもらったので、とてもありがたいお仕事でした。

このように、下請けに入ってうまくいく場合もあるので、過去の落札例があれば、売りこみをすることが可能になります。

以前からおつきあいがある会社から、「当社はランクＤなので、入札に参加できません。ランクＣの御社が落札して、○○の部分の業務を当社に委託してくれませんか」と逆営業をされたこともあります。ＰＤＦで入札説明書が送られてきましたが、残念ながら弊社でこなせる案件ではなかったのでお断りしました。

これらのように、たとえ落札しなくても、入札に参加しているだけで、仕事が増える可能性があるのです。

本当のコツは経験値

仕事柄よく「落札のコツはありますか？」と聞かれます。

たしかにそれはいくつか思い当たります。この章に書いてきたことも、それらの一部です。ぜひ、成功法則として活用していただきたいと思います。


でも、本当のところは「場数」だと私は考えているのです。

いくつかの案件にかかわれば、傾向などがわかってきます。おそれずにまず入札してみる。ダメだったら、その失敗をもとに戦術を練る。どんな仕事でも学びでも勝負事でも、やはりその繰り返しに勝るコツはありません。


とはいえ、そんなに大変に考える必要はありません。

これからあなたは、新しい可能性をはらんだ大きな市場に飛びこんでいくのです。最初の落札に成功したとき、私たちは皆、眼に涙を浮かべて喜びました。何ともいえない達成感を味わったのです。

入札の魅力について、ここまでもいろいろお伝えしてきましたが、もしかしたら最初に落札した瞬間の喜びも、そのなかの大きな一つかもしれません。

これからそれを味わえるあなたを、少し羨みながら、私たちもさらなる入札マーケットの懐深く、もっと便利でもっと使い勝手のよい入札スキルを修得するため、入りこんでいくつもりです。

Chapter 5

第5章

こんな入札をしてはいけない

専門外の事業者が参入しにくい業種がある

入札案件のなかには、その分野に特化した専門業者以外には、業務を遂行することが難しい職種も混在しています。自分の業態に近かったりすると、つい無理をしてチャレンジしたくなります。しかし、納品ができないと契約不履行になってしまうので、慣れない業務やキャパシティを超える案件は、最初から入札参加しないことが原則です。

たとえば、私たちがよく参加する入札案件に、入力してデータベースをつくる仕事があります。データ入力は、新規参入者が入札しやすい案件の一つですが、逆に私たちにとっては落札しにくい案件でした。

入力だけで比べれば、入力専門会社は速さ、人数、校正能力も優れており、単価が安いので、私たちがいくらがんばってもなかなか落札できなかったのです。

しかしそんな私たちも、入力だけではなく、調査や集計、報告書にまとめるところまでを請け負うことで、落札することができています。

自分たちの会社が何を得意としていて、どんな付加価値をつければ差別化できるのか、逆に何を苦手としていて、どういう業務で不利になるのか、よく見極めて入札に参加することが大切です。

印刷単体の案件も、専門業者でなければなかなか参入しにくい分野です。印刷だけだと規模の大きい企業や、インフラをもっていて安い単価で印刷できる企業にかぎられてくるからです。

しかし、ポスター、チラシなど、デザインやコンサル業務を含めての提案力が要求される案件ならば、可能性はあるかもしれません。

たとえば過去の落札企業や金額を見て、有名な印刷会社が落札していたら、自社には無理だろうなどと予測がある程度できます。逆に自社と同じくらいの規模の競合が落札している案件ならば、挑戦してみる余地はあるでしょう。

システムの運用保守業務も案件は多いのですが、システム開発会社でなければ入札の難しい案件といえるでしょう。

開発をせずに、運用と保守だけでの参入は難しいと思います。

私たちは派遣業の資格も持っているのですが、派遣の専門会社ではないため、労働者派遣の入札には手を出していません。

派遣専門会社はたくさんの人数を抱えているので、入札金額が多少安くても待機させるくらいだったら、入札にチャレンジできるでしょう。落札金額の相場をみると、私たちにはとても勝負できないと感じます。

もしも派遣会社と同じことを私たちでするなら、結構な額の社内運用費がかかってしまいます。派遣スタッフの管理を社内運用費にのせると勝ち目がありません。けれども、派遣専門会社にはそういう仕組みがすでにあるので、入札に参加することはできるでしょう。

このように考えれば、専門分野（システム、インフラが必要なもの、準備に費用がかかるもの）は参入しにくく、アイデア勝負のものは比較的参入しやすいのがわかるはずです。

入札案件のなかには、自動車整備士、簿記2級など、資格が必要なものもありますし、ボリュームの大きいもの（時間と人数。エリア）、持ち出しが多い案件（印刷代、発送費などが莫大なもの）も参入は難しいといえます。

また、会計、経理は規模が大きいことが多いので、小さい会社の参入は難しいのではないでしょうか。

個人事業主でもできる案件としては、デザイン、会議のテープおこし、速記、文章おこし、規模の小さなシステム開発などがあります。

また、国会図書館にある紙の本をスキャンして電子書籍にする、戦没者一覧をスキャンした読みにくい画像を文章入力する、海外の図書を探して購入するというものも今まで探した入札案件にありました。

とにかく、責任をもって最後までできるものだけ入札することが重要です。

情報管理には細心の注意を

入札で一番厳しいのは情報漏洩リスクです。

プライバシーマークやISO（国際標準規格）、ISMS（情報セキュリティマネジメントシステム）適合性評価制度を条件につけてくるものは、情報資産、個人情報を取り扱わなくてはいけない案件です。

委託業者による官公庁からの情報漏洩事件が、たびたび世間を騒がせています。不注意や故意によるファイル持ち出しなどはもってのほかですが、それ以外でも、業務上知りうる秘密情報は、細心の注意を払って取り扱う必要があります。

万一、自社の委託業務のなかで個人情報漏洩事件が発生した場合、漏洩者個人よりも、管理責任のある企業自体が責任を問われるケースがほとんどです。

仕様書のなかに「インターネットでつながっていない環境で作業すること」などと書か

れている場合があります。個人情報を取り扱う案件を落札したら、鍵付きの書庫で管理する、書庫がおいてある部屋も鍵をかけるなど、取り扱いには十分注意しなければなりません。

作業日程表や業務計画などの情報のやりとりは、パスワードつきでメール添付することもありますが、企業情報や個人情報は、添付書類で電子メール送信をすることはありません。基本的には、ＣＤの手渡しなどでデータをやりとりします。

どの機種のパソコンを使うのか、何台をどう配置しているか、人の入退出はどうなっているのか、部屋の施錠、個人情報が入っている書庫の施錠など詳細な報告を求められる場合もあります。また、どのような環境で作業をしているのかを確認するために、発注機関の職員が立ち入り検査をすることもあります。

契約書詳細の確認とアフターフォローは必要

民間の契約では、契約書のなかに細かい字と複雑な言い回しで、受注側が不利になるように書かれた落とし穴がいくつも隠されている場合があります。

その点、官公庁の契約書は、似たようなフォーマットで毎回やりとりをしているので、受注者が困るような問題や心配はないといえます。むしろ、契約をかわす前に、説明書をしっかり読むことのほうが重要です。

ただ、納品後に何か不備があったときは、瑕疵《かし》担保期間内であれば修正依頼が入る場合があります。実際にそのような事態になったという話はあまり聞きませんが、「瑕疵担保期間」があることは頭に入れておいたほうがよいでしょう。納品したものに不備や欠陥があった場合、無償で修正したり、やり直しを保証する期間があるということです。

たとえば、データ入力の業務を終えた後、「数字があわないので確認してほしい」という依頼があれば、対応しなければならないということです。

　これは、民間の仕事でも当たり前に必要となるアフターフォローといえるでしょう。それよりも、契約書や説明書には書いていないことで、冷や汗をかくことがあります。私たちが実際に経験した失敗例で、こんなことがありました。

　海外の情報収集、調査分析しなければいけない案件でした。ウェブ（インターネット）を使って、検索をして情報収集をすると説明書には書いてあったのですが、落札後に担当官から「某ヨーロッパの言語を使うことになりますが、大丈夫ですよね？」といわれたのです。英語だと思いこんで入札したのですが、仕様書のどこを見ても英語とは書いてありません。焦りましたが、念のため翻訳会社に見積もりを出し、赤字分がいくらになるかを計算してから仕事を始めました。幸い、その言語を使用する必要はなく、英語のみで進めることができました。

　もう一つの失敗例は、納期の読み違いによるものです。

　データの集計とそれによる分析、またそれに関連する情報をできるだけ多く集めて報告書をまとめる、といった内容の案件でした。入札説明書に記載されていた履行期限は、落札してから納品するまで2週間を切っていました。

これは完全に期間の短さを見落としており、どうしようかと非常に不安な思いで打ち合わせに臨みました。

けれども、ラッキーなことに打ち合わせでは担当者が「2週間では到底できないですよね？　説明書に書かせていただいた2週間で途中経過を報告してください」といわれたので、2週間後約100ページの報告書を提出しました。実際は、のべ3週間半で180ページほどの報告書にまとめることになりました。このように、仕様書と実際のズレがある場合もまれにあります。

原価計算は綿密に

入札する前の原価計算は、とにかく重要です。アンケート調査など仕事量のボリュームが大きくなるものは、回収率も問題になります。

郵送で回収した件数により、費用がまったく変わってきます。調査票を送付する際、あらかじめ返信用封筒を入れて発送する場合が多いので、その費用も前もって考慮しなければばなりません。

仕様書に「回収率は50パーセント〜60パーセントが目標」と書かれているケースがあります。実際に、６割にはなかなか至りません。国からの調査といっても、回収率が３割程度という場合も多いようです。

以前、１万人が調査対象のアンケート回収をしたときに、３割を超えてけっこう喜ばれたことがありました。

反対に仕様書に回収目標が書かれていない場合があります。その場合は説明会で質問をするか、期間中に質問を送るなどして、不透明な部分をクリアにして原価計算をおこなっていくことが重要です。


入力費用なども、１件につき何分で入力できるという計算が違うと大きな金額差になってきます。私たちも件数を読み間違えて低入札で保留になったことがありますし、原価計算を間違えて落札できなかった案件もあります。

また、仕様書に書かれているものを全部鵜呑みにしてしまうと、金額がかさばってくることがあります。その結果、フタを開けてみれば落札された金額が、こちらで入札した金額より大幅に下回っていたというケースもありました。

継続的に落札していたある業務で、調査案件のなかに加えられていたウェブ広告で、不確定な数字をノルマとして指定され、そのとおりに結果を出すように求められたことがありました。

「指定キーワードのグーグルやヤフーでの検索回数が10位以内に入らなければならない」「一定期間内に何回以上、当該画面が表示されなければならない」などと、細かく数字が設定されているのです。しかも、キーワードのクリック単価に差があって、事前にどのくらいの数字が上がってくるのか、さっぱり読めませんでした。

読めなかった部分すべての金額を原価に乗せてしまうと、巨大なお金が動くことになってしまうので、「断ったほうがよいのでは？」とも考えました。しかし結局、担当者からは「例年どおりにやってください」といわれ、前年の金額を目安にでき、ほっとしました。

この経験により、落札後でも難しいと感じたときには、担当者と連絡を密に取り合い、相談することも重要だと思い知ったのでした。

下請けに丸投げ禁止！

多くの発注元で、委託された業務を再委託先（下請け）に丸投げすることは禁じられています。再委託の可否、再委託してもよい割合は説明書に書かれているので、よく確認してください。

再委託できる場合でも、どんな会社に依頼するか書面での届け出が義務づけられています。なかには、50万円以下の作業なら届出が免除されるといった内容が契約書に記載されているケースも見られます。ただし、いくら50万円以下の作業内容でも、再委託した会社が報告もなく再々委託（孫請け）した場合は大問題になります。

再委託先が入札案件の主旨や内容を理解しない場合、こうした問題に発展することがあるので注意が必要です。

たとえば、自宅を訪問してアンケートを取る業務の場合。

訪問先できちんと調査主旨の説明をしたうえで調査の協力をお願いし、後日調査票の回収に行くのが通常の流れです。落札会社が社員やアルバイトを調査対象者宅へ派遣し調査を進めるべきですが、再委託先が自社の封筒を使って、訪問でなく郵送ですませたとします。郵便物を受け取った調査対象者から「調査協力の依頼状に記載されていた委託会社ではない、知らない会社から調査票が届いた。こんな大事なことを回答するのに、この会社に回答してもよいのか？　信用してもよいのか？」という疑問や問い合わせが発注先に殺到することになるのです。

再委託先が、入札案件の主旨を理解しないまま進めると、再々委託される場合や明らかに調査手法の異なる手段をとることになってしまうのです。

こうなると、最終的には責任の所在を明らかにするために、経緯報告書や改善案を出さなければならないことになります。内容によっては調査のし直し、仕切り直しが必要になり、コストは莫大に膨れ上がることになるのです。

このようなケースも考えられるので、発注先には詳細をあらかじめ連絡し、再委託する場合には、委託先には詳細をしっかり伝えて、報告を徹底させましょう。

低価格競争のラットレースから脱出しよう

ケージに据えられた回し車のなかを延々と走りつづける、ネズミ。どんなに一生懸命走っても、ネズミはただ籠のなかの同じ場所から1ミリも前に進むことはありません。それと同じように、汗水垂らして働いても、少しも結果を出せない人や会社の置かれた状況を「ラットレース」といいます。

入札しても利益率の少ない仕事しか獲得できない。いくらブルーオーシャンの入札市場とはいえ、一般競争入札の値下げ競争は年々厳しくなっています。

そんな現状を何とか抜け出したいのなら、たんに金額が安い企業が落札するという案件だけではなく、提案書を出して総合得点を狙える案件に、ぜひ挑戦してみてください。多少高くてもアイデアや提案力のある会社なら、落札できる可能性が高いのです。

ただ、提案書を作る費用が前もって出るわけではありませんので、落札を本気で狙える案件だけに絞ることも重要です。時間をかけて提案書を作っても、落札できなければ無駄になります。

このご時世ですから、ラットレースを続けている企業も多いと思いますが、いち速くラットレースから抜け出るためには、入札で他社にできない提案、アイデアに挑戦するのも一つの手でしょう。私たちも最初の頃は、薄利多売の精神で、入札もできるだけ利益を低くして落札を狙っていましたが、慣れてきた最近では、自社の得意分野を攻めたり、ひとひねりして提案力で勝負するようにしています。

たとえば、私たちの会社なら、全国に約5万8000人のSOHOスタッフがいるのが強みなので、訪問取材が必要な案件やボリュームのある案件が得意です。

こんなふうに、自社の強みを明確にして、その業務がからんだ案件に挑戦すれば、より落札でき、ラットレースから抜け出すことができるのです。

入札価格をめぐる事前の打ち合わせ

できると思って落札してみたら、業務内容が思ったよりも困難で履行できなかった……

入札では絶対にやってはいけないことです。万が一できないとなると、一定期間入札に参加できなくなるだけでなく、事業者としての信用もがた落ちです。

それを避けるために、他社に協力を依頼することは可能です。もちろん制限もありますし、前述のとおり、勝手に再委託してはいけません。

こんなことがありました。

私たちは、ある会社から入札案件の一部だけの見積もりを依頼されました。

「参考見積もり依頼があったので、入札しようと思っています。この部分の業務のみ見積もりを出してもらえませんか」という依頼で、私たちはその企業に見積もりを提出しました。

後日、おそらく先日依頼されたものと思われる案件が入札公示されました。ところが、見積もり依頼が来た企業はランクＡだったのですが、入札条件はランクＢとＣの会社のみだったのです。

結局、その企業は入札できず、ランクＣの私たちが落札しました。翌年は、私たちに参考見積もり依頼がきて、２年連続でその仕事をすることができました。これはたまたま前もって案件を知ることができた、ラッキーな例ですが、通常は入札価格を事前に他社と話すことは禁止です。

「弊社が入札するので、御社は入札しないで」などと相談するのは禁止されています。

最低落札金額が公表されていない場合に、官公庁から民間企業に最低落札金額を教えるのも違反です。予定金額が出ている場合は、それに近い金額で入札すればよいのですが、その金額が公表されていない場合は、明かしてはいけないことになっています。

リスクを乗り越え、新たなビジネスチャンスへ

ここまで入札に関するリスクをあげてきましたが、何か気づかれたことはありませんか？

そうです、ここにあげたリスクはすべて、普通にビジネスを営んでいれば出会うかもしれない事柄ばかりなのです。国や自治体相手の入札・委託業務でなくても、どんな職種で

あれ、世界のどこで商売をするのであれ、ビジネスには利益とともにリスクもついて回ります。

いったん請け負った仕事に責任を持つことは当然のことですし、情報漏洩を極力防ぐこと、業務内容をしっかり確認すること、自社の付加価値を高めること、ルールを守ることなどは、経営者のみならず、社会で働く者すべてに求められている心得です。

ことさら入札を怖がる必要はありません。

あなたの会社が責任と義務をしっかり果たせるのなら、そして自分のビジネスをさらに磨き上げたいのなら、入札という素晴らしいビジネスチャンスのなかでぜひ、最大限に利用してください。

入札ビジネスでは少しだけ先輩の私たちは、いろんなチャンネルを通じて、あなたの会社が新たな一歩を踏み出すためのノウハウを提供していきます。

Chapter 6

第6章

「こういうモノがあったらいいな」をカタチにする

「のりべんママ」は今日も行く

ここまで読んでいただいたあなたに、心から感謝しています。

もしかすると、この本で出会う以前に、私はあなたにお目にかかっているかもしれません。

「のりかえ便利マップ」という名前を聞いたことはないでしょうか？　これは、地下鉄などの駅の柱や壁などに貼ってある案内板のようなものです。何両目の車両のドアから乗ればば乗り換えに便利か、各駅のお手洗いはどの車両の近くにあるか、などをわかりやすく示してあります。実はこれ、私が30代の頃に256駅を5カ月かけて調べて作ったものです。

この「のりかえ便利マップ」が一躍話題となり、当時は、テレビや雑誌の取材をたくさん受けました。また、私の人生がマンガや書籍にもなりました。テレビでは、いとうまい子さん主演で再現ドラマも放送されましたので、ご覧になった方もいらっしゃるかもしれません。

「のりべんママ」という愛称は、当社の社員が考えてくれました。「のりかえ便利マップを作ったママ」という意味で、当時の私にピッタリのキャッチコピーです。

こんな私がなぜ、入札の一大サイトを作ったのか、最後になりましたが、少しだけ自己紹介をさせてください。

親ゆずりの商売人魂

私は、1965年神奈川県箱根町中強羅生まれ。実家は桐谷箱根荘という旅館を営んでいます。

以前、『さんまのからくりテレビ』などで、視聴者への宿泊プレゼントとして紹介されていたのでご存じかもしれませんが、フランスのミシュランガイド一つ星旅館に認定され、現在予約が半年待ちの状況です。

両親が旅館経営をしていたため、とても忙しく、小さいときは一緒に食卓を囲むこともありませんでした。

けれども、小さい頃から両親の仕事を見ていたので、ビジネスに対する感性がいつの間にか磨かれたようです。

小学校3年生のとき、私は山のなかでカブトムシを捕まえ、自宅近くの箱根登山鉄道・中強羅の駅前で観光客相手にカブトムシを販売して、ずいぶんとお金を儲けたこともありました。

大学時代は両親が所有する小田原のマンションにタダで住んでいました。けれども、私は親の用意してくれたレールに乗るのが嫌いでした。親にいえば反対されるのはわかっていたので、黙って大学の近くのアパートに引越しをしました。それを知った父親は、激怒。そして、仕送りをピタリと止められてしまったのです。

「自分の生活費くらい、いくらでも稼いでやる！」と、塾や家庭教師などをして稼ぎました。さらに、同級生にもその仕事を紹介し、紹介料をもらい当時のサラリーマンの給料以上の金額を稼いでいました。

「商売人は人と違うことをしろ」

「人が右に行ったら左に行け」

これは父親の口癖でした。幼い頃から何度も耳にしていたせいか、しっかりと実践しました。大学時代は福引のキャンペーンガール、ゴルフショップの店員なども経験し、月に50万円以上も稼ぎました。


その後、キヤノン販売に入社してからは、持ち前の商売人マインドで、営業成績はつねにトップクラスでした。団地を狙ってピンポイントにポスティングし、根こそぎ契約を取ったこともありました。自分でいうのもなんですが、なかなかがんばっていたと思います。

「こういうモノがあったらいいな」をカタチに

私は、26歳で結婚し、すぐに出産のため退職しました。しばらくは専業主婦となり子育てを楽しんでいましたが、それで満足するような私ではありませんでした。

不便な日常に遊び心を求め、「こういうモノがあったらいいな」と思ったら、すぐにカタチにしなければ気がすまない性格でした。

おしゃぶりをすぐに落として、大泣きするわが子のために、ゴムの輪をつけて、耳にかけられるおしゃぶりを作りました。

ママ友だちに「これ面白いよ！　発明の才能があるよ。特許取ったら？」などと褒められ、気をよくして発明学会に入りました。30歳の頃です。それからは、主婦発明家として、「右左を間違えない靴」や、ひらがなで神経衰弱ができる「あいうえおトランプ」などを考えだしました。

そして31歳で満を持して起業し、有限会社アイデアママの社長になりました。

当時、私はいくつかの発明をしたのですが、そのなかでもっとも売れたのが、「のりかえ便利マップ」です。

幼いわが子を連れて、駅を右往左往した自分の経験から、もっと便利にならないものかと考えたのがきっかけでした。現在は、地下鉄など首都圏の駅に採用されている「のりかえ便利マップ」ですが、発明当初はどこに売りこみにいっても相手にされず、担当者からは嫌な顔をされ、追い返される毎日でした。

何度も断られ、罵倒され、くじけそうになりましたが、「利用者のため」という思いで、毎日、たくさんの駅を歩いては、実地調査と営業を続けました。今となっては、「山の九合目で諦めなくてよかった」とつくづく思います。

そして、発明から3年目にして、やっと東京メトロにも採用されました。ところが、六本木駅で電車の前の車両と後ろの車両を反対に記載してしまい、クレームが殺到！　当時の駅の責任者から呼び出され、「ふざけるな！」と罵倒され、灰皿を投げつけられたこともあります。

現在では、首都圏を中心とした地下鉄に「のりかえ便利マップ」が整備され、駅員さんや一般のユーザーの皆さんからも、たくさん感謝の声をいただいています。

けれども、起業したての私は、鉄道システムに力を入れすぎ、他のシステムに手をつけられなくなり、気づくと人件費などの累計赤字が1億円になっていました。

私は社員、従業員を守ろうと決意し、システム開発をやめ、コンテンツ販売に切り替えました。「とにかく、おもしろいことやろうよ」と、主婦向けの特売サイトなど楽しいコンテンツを作り、2年くらいかけてやっと赤字を解消しました。その2年間は不眠不休で、心休まる時間も寝る時間もありませんでした。

現在の会社、株式会社ナビットは2001年に立ち上げました。

会社のコンセプトは「こういうモノがあったらいいな」をカタチにすることです。

これからも世の中をよくすることを、どんどんカタチにしていきます。

その一つが「入札情報提供サービス」です。じりじりと売上げが下がっている中小企業を、少しでも何とかしたいと考え、「入札」に目をつけました。毎日、何百件も発生する入札案件を、個人が探すことは不可能です。それを当社で探して提供しています。

当社のサービスを利用し、たくさんの中小企業が「入札」に参加し、大きな成果をあげていただければ、これ以上の喜びはありません。

今の世の中、フェイスブックで「いいね」がたくさんついている投稿を見かけます。「いいいね」の数が増えるのは、多くの方の共感を得ているということです。それはそれですばらしいのですが、「いいね」だけで世の中は変わりません。

実際に世の中を変えるのは、「いいね」ではなく、「こういうモノがあったらいいな」がカタチになったときではないでしょうか？

これからも、一人でも多くの「誰か」のために、「こういうモノがあったらいいな」を生み出していきたいと思います。それが私の天職であり、一生の仕事なのです。

応用編

入札成功の流れと秘訣

中小企業にもチャンスがある年間20兆円の市場

この本のゴールは、読者の皆様に入札で成功していただくことです。

ですから、ここで改めて入札成功の流れと秘訣をお伝えし、実際に入札に参加していただきたいと思います。

この流れで実践をしていけば、必ず入札に成功します。

①入札マーケットを理解する
②資格を申請する
③資格審査結果通知書を手に入れる
④入札を成功させる5つのポイントを押え実際に入札する
⑤売上げの最大化

順を追って説明していきます。

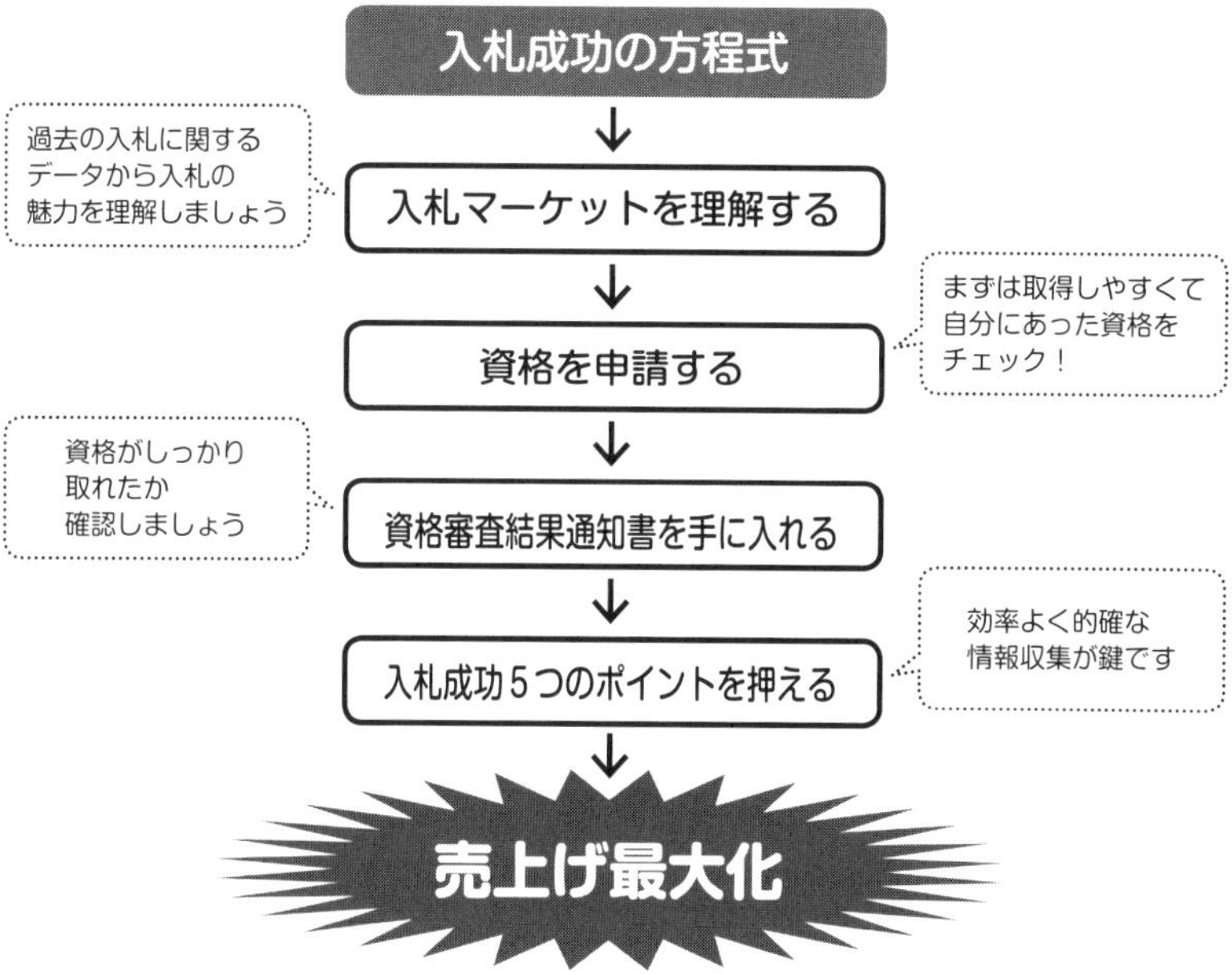

①入札マーケットを理解する

私が入札への参加を決意したのも、今からお話しする事実を知ったからにほかなりません。

入札市場は国内最大級のマーケットとして、市場規模は年間20兆円と非常に大きな金額が動いています。この金額は、日本の国家予算のおよそ4分の1に相当します。

そしてこの20兆円を取りにいくチャンスはどの企業にもあります。

中小企業が落札しやすくなるように、国が毎年閣議決定をおこない、その年の入札予算のうち、中小企業

大企業と中小企業の落札金額

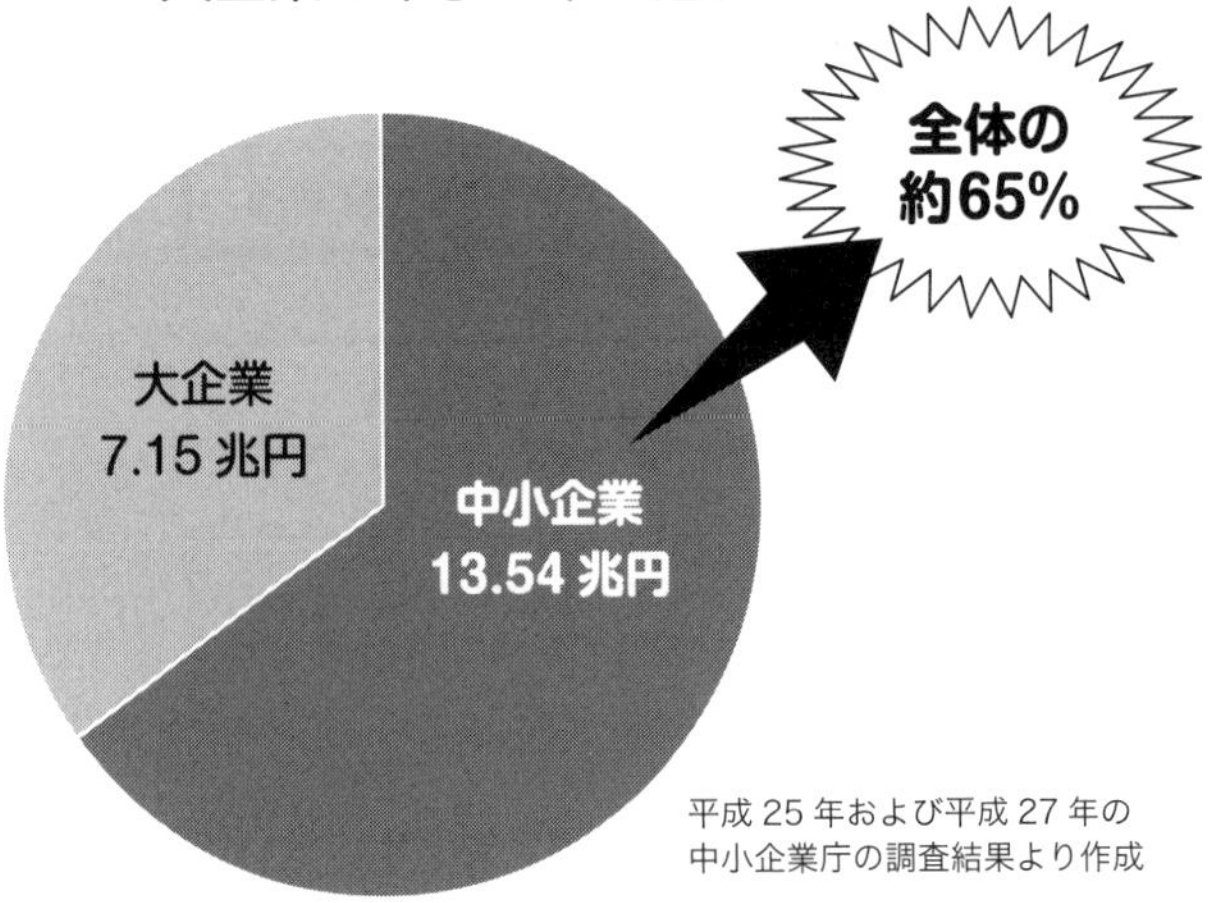

平成25年および平成27年の
中小企業庁の調査結果より作成

が落札する金額の目標値を設定します。

各発注機関は、その目標値を達成するように、その年の発注計画を立てることになります。ですから、大企業にしかチャンスがないというのは間違ったイメージなのです。

平成27年2月の中小企業庁の発表によると、平成25年度、国などの官公需契約実績として、契約総金額が7.96兆円、そのうち中小企業者向け契約金額が4.28兆円となっています。

また、平成25年3月に中小企業庁事業環境部取引課から発表された調査結果によりますと、平成23年度地方公共団体における官公需の契約実績（最新）は官公需総額が12.73兆円となっており、そのうち中小企業者向けが9.26兆円です。

国と地方公共団体（自治体）を合わせると年間おおむね20兆円となります。

さらにこんなデータがあります。

なんと入札を始めてわずか2年以内に80パーセントの企業が落札しています。1年以内でも約50パーセントと非常に高いパーセンテージとなっています。

この結果を見ると、入札に参加しない理由が見つからないですよね。2年間諦めずに入札を続ければ、非常に高確率で入札に成功することができるのです。

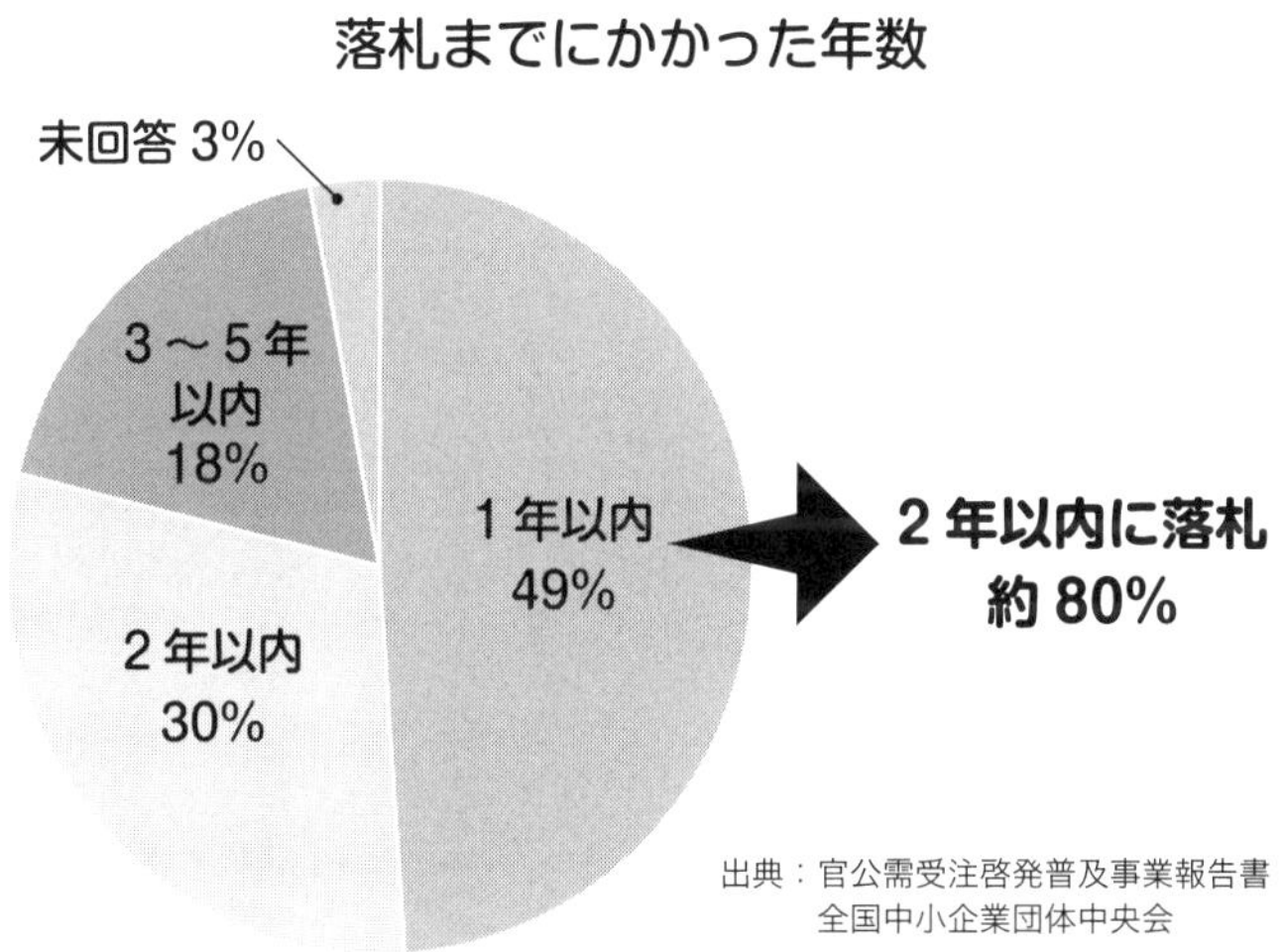

出典：官公需受注啓発普及事業報告書
全国中小企業団体中央会

全国中小企業団体中央会による平成18年3月の官公需受注啓発普及事業報告書では、「新規事業者の入札機会を拡大するために、物品の製造・販売等に係る入札参加資格のあり方の検討をおこなうものとする」とされています。

また、実際に「新規開業者への官公需受注増大策」として、5項目の提言をおこなっています〈新規開業者への官公需受注増大策（平成16年度報告書提言）〉。

●発注者である官公庁等は、新規開業者に対して官公需施策の普及啓蒙をおこなうこと。

●発注者である官公庁等の、官公需に対する意識・姿勢・行動を向上させること。

●新規開業者には、一定金額内での、随意契約による受注枠を設けること。

●新規開業者の事業を官公庁等に対してアピールする場を設けること。

●新規開業者が受注できるように、参加資格登録における審査基準の弾力化・簡素化すること。

また、極力同一資格等級区分内の者による競争を確保すること等により、中小企業者の受注機会の増大を図るものとする、と書かれています。

この提言以降、ずいぶんと入札へのハードルは下がっています。

ここまでで入札市場がいかに魅力的なマーケットであるか、おわかりいただけたと思います。

現時点で、それでも入札に参加したくないと思われている方はいらっしゃらないのではないでしょうか。ただ、入札には少しだけ段取りが必要です。

②資格を申請する

第2章で紹介したように、全省庁統一資格とは、各省庁における「物品の製造・販売等」にかかわる一般競争、指名競争入札の入札参加資格です。これさえあれば、全省庁の案件に入札できますので、まずは資格を申請しましょう。

全省庁統一資格は、以下のサイトから申請することができますが、同時に必要な書類のテンプレートなどもダウンロードすることができ大変便利なので、ぜひ利用してください。

http://www.chotatujoho.go.jp/va/com/ShikakuTop.html

この資格は、各省庁申請受付・審査窓口に掲げられている申請場所のいずれか1カ所だけに、郵送か持参、またはインターネットから申請します。資格を与えられると各省庁の全調達機関において、有効な入札参加資格となり、全省庁の物品製造等（役務の提供、物品の買い受けも含む）の入札に参加が可能になります。

原則的に、一つの法人・個人事業主に対し一資格として資格結果通知書を発行するため、支店や営業所での申請は受理されません。

登記事項証明書および納税証明書で確認できる本社（本店）の商号（屋号）で申請をしてください。

支店や営業所等からの申請（○○株式会社××支店）、医療法人に所属する各病院等からの申請（医療法人○○会に所属する○○病院や○○クリニック等）は受理されません。

また、学校法人の各学校等からの申請（学校法人に所属する各病院、各学校の場合　学校法人○○大学に所属する○○大学付属病院、学校）も同様で受理されません（株式会社等でいう営業所の扱いとなります）。

審査はおおまかに以下の流れでおこなわれます。

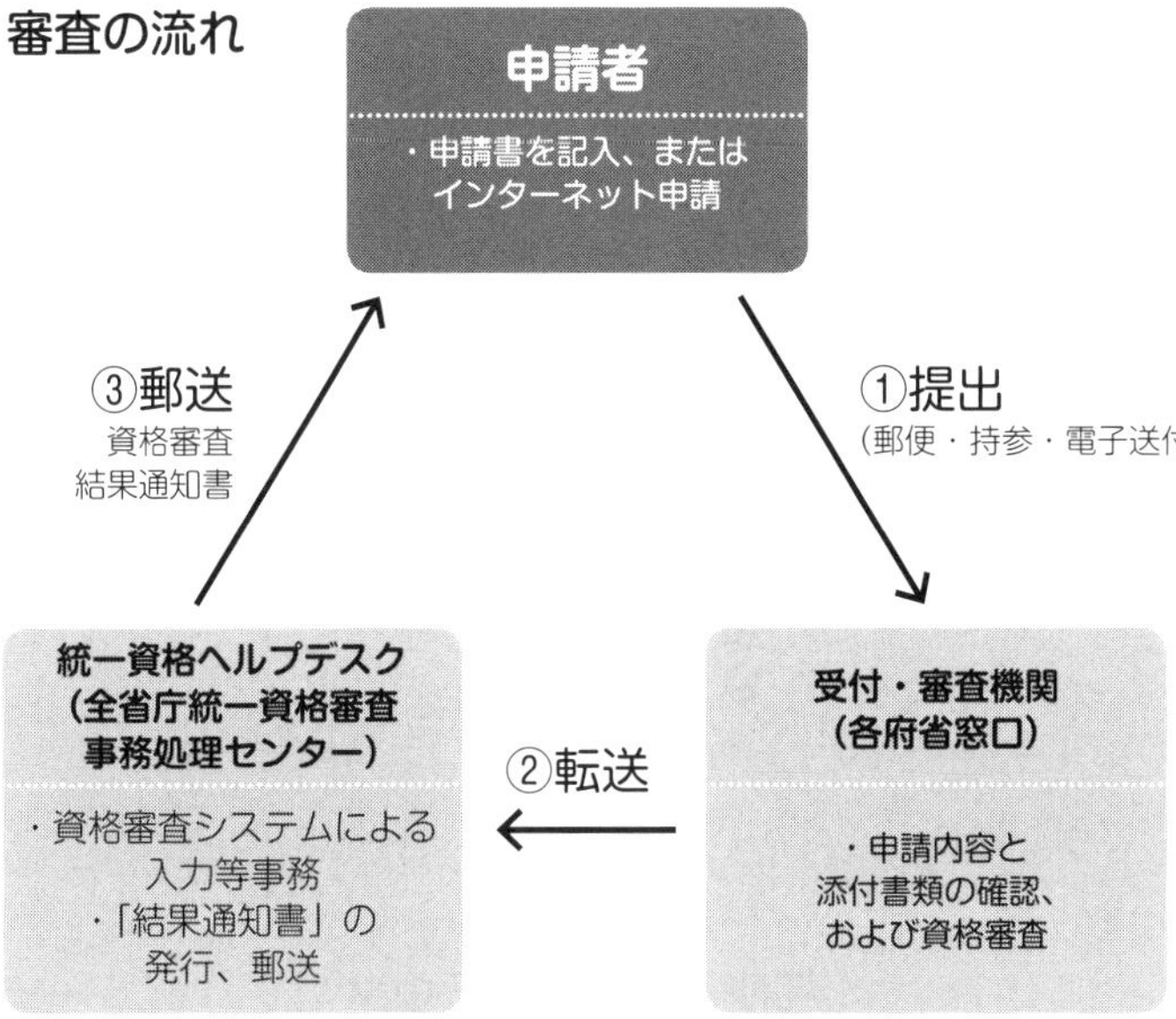

◇郵送、または持参の場合

「統一資格審査申請・調達情報検索サイト」のホームから「全省庁統一資格を申請する」の「郵送・持参による申請（上記と再発行・取消申請）」をクリックして申請書をダウンロードするか、最寄りの申請場所で申請用紙を入手します。すでに前期有効な資格をお持ちの方は、今期に有効な資格に更新申請をおこなうことができます。

現在取得している一般競争（指名競争）参加資格審査申請の届出内容の【変更申請】をおこなうこともできます。内容の変更が可能な項目は、住所、商号または名称、代表者、競争参加を希望する地域、希望する資格の種類の5項目です。それ以外の項目を変更する場合、【更新申請】をおこなうことになります。

　申請書と必要書類を郵送または持参して申請場所に提出すれば完了です。提出前の申請書のコピーを作成し、保管しておきましょう。

◇インターネットでの申請の場合

　インターネットでの申請の場合も、同じ「統一資格審査申請・調達情報検索サイト」のホームから「全省庁統一資格を申請する」のインターネットによる申請（新規・更新・変更申請）をクリックして、申請方法のうち、

郵便・持参による申請

「ホーム」から「郵送・持参による申請」をクリックし、
申請用紙をダウンロードする
または、最寄りの申請場所にて、申請用紙を入手する

↓

申請記入要項に従って申請用紙に記入する

↓

申請書と必要添付書類を郵送、
または持参にて申請場所に提出する

↓

申請完了

「新規申請を行う」または「更新申請を行う」または「申請内容の変更（変更申請）を行う」のいずれかをクリックして入力していきます。

　入力に時間がかかってしまうと、時間超過のためエラーとなることがありますので、それぞれに用意されている「インターネットによる申請ガイド」を、前もって必ずダウンロードして確認しておきましょう。

　ＯＳやブラウザの推奨バージョンも記載されています。そこに記載されていないパソコンでもできた例があるので、必ずしもこうでなければいけないというわけではありませんが、推奨バージョン以外では、不具合が出るおそれがあります。

インターネットによる申請

「ホーム」から
「インターネットによる申請」をクリックし、
申請の種類（新規申請 / 更新申請 / 申請内容の変更）を選択する

↓

入札参加を予定している省庁を選択する

↓

申請ガイド、および画面の指示に従って入力・申請する

↓

申請確認メールが届く

↓

申請確認メールに記載されている URL にアクセスし、
申請内容を確認する

↓

申請完了

③資格審査結果通知書を手に入れる

資格審査結果通知書は、郵便物で送られてきます。資格が手元に届く前に、メールで連絡があったり、電話で確認されたりする場合もあります。

またインターネットで申請をしたら、次のような資格審査申請確認メールが届きます。

○申請内容の確認について
資格審査申請を仮受付しました。
以下のURLにアクセスし、速やかに申請内容の確認をおこなってください。

メールに記載されたURLにアクセスし、確認をしなければ無効になりますので注意してください。

また、もしインターネットで添付書類をアップしなかった場合は、郵送が必要となります。提出先は、自分が最初に申請した際に選んだ省庁になっています。提出書類に関しては、次のような文面になります（一部省略）。

○添付書類の提出について
以下の書類を、提出先に速やかに郵送（書留郵便）または持参ください。

郵送の場合、封筒等に「全省庁統一資格申請添付書類在中」と朱書きしてください。
■本メールを印刷したもの
■営業経歴書
■納税証明書
■営業用純資本額に関する書類及び収支計算書
確認及び添付書類の提出がない場合、資格審査申請は受理されませんのでご注意ください。

受理された資格審査申請は、申請内容の審査等をおこなった後、「申請確認完了通知メール」が申請時に登録されたメールアドレスに送信されます。

また、「資格審査結果通知書」が申請時に登録及び送付先指定された住所へ郵送されます。

なお、「申請確認完了通知メール」の送信、「資格審査結果通知書」の郵送までに日数を要する場合があります。

書類が受理されると、資格審査完了通知がメールで届きますので、そこにURLが掲載されている有資格者名簿閲覧ページでご自身が登録されているかどうかを確認します。

もし、すでに掲載されていれば、資格が取れたということです（ただし、変更届の場合、変更内容の反映に数日を要しますので、メール到着直後にはご確認いただけません。時間をおいて有資格者名簿閲覧ページをご確認ください）。

④入札を成功させる5つのポイントを押え実際に入札する

入札を成功させるためには、次の五つのポイントがあります。

では、一つずつ、詳しく見ていきましょう。

一つめのポイントは**「自社にマッチした案件を探す」**です。

入札情報は、官報やウェブサイト、現地の掲示板や業界新聞などさまざまな媒体を介して、公示されます。

これらの多くの情報のなかから、自社にマッチした案件を探し1件でも多くの入札に参加することが一つめのポイントです。

二つめのポイントは**「短時間で効率よく案件を探す」**です。

自社にマッチした案件を探すためには、より多くの発注機関の公示情報を見る必要があります。

ところが、より多くの情報を見ようとすると、案件探しだけで1日が終わってしまうこともあります。

そして仮に1日かけて案件を探したとしても、チェックできる発注機関はせいぜい限られています。ですから、短時間で効率よく案件を探すためには「短時間でより多くの情報を収集すること」が大切になります。

三つめのポイントは**「過去の情報を活かす」**ことです。

ここで見るべきポイントは、次の二つです。

●競合会社はどんな案件を落札しているのか？
●過去、同じ案件が出たときの落札金額はいくらだったか？

これらを落札情報から仕入れることで、自社が入札する案件の幅を広げることができます。また、落札金額の相場観を把握することで、戦略的に入札をおこなうことが可能となります。

四つめのポイントは**「不明点は質問受け付け期間内にクリアにしておく」**ことです。仕様書を受けとると、一定の質問受け付け期間が設けられます。ここで少しでも不明な点があればきちんと質問しておくことで、自社に不利益とならないよう適正な金額設定をおこなうことができます。

第3章にも書きましたが、ある地方の調査案件の入札に参加したとき、金額を設定する際に、てっきり出張費は発注機関側が出してくれるだろうと勘違いをしてしまい、大幅に異なる金額を出してしまったことがありました。

このようなことがないよう、不明点があればすぐに質問し、不明点を明確にしてから適正な金額設定をおこなってください。

五つめのポイントは**「仕様書の内容からリスクを想定する」**です。

仕様書の内容をきちんと精査せずに「なんだ簡単じゃないか」と安値で落札してしまうと「低入札価格調査」というものが入り、その価格を出した根拠となる資料を膨大な数（十数点）出さなければなりません。

また、最悪のケースは落札を取り消され、失格となってしまうこともあります。

このようなケースを回避するためには、仕様書をしっかりと読みこむ必要があります。

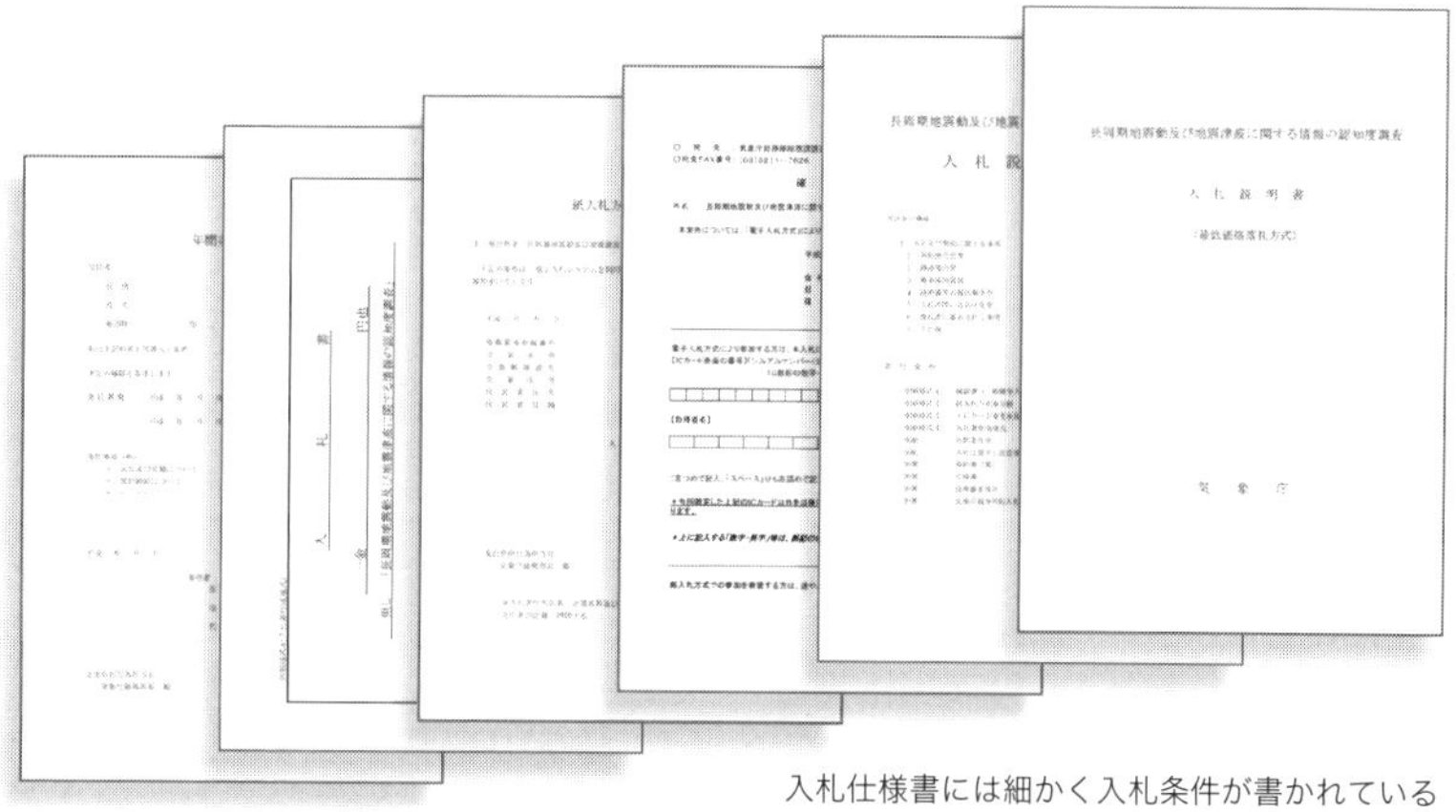

入札仕様書には細かく入札条件が書かれている

こちらは気象庁の仕様書のサンプルです。

仕様書の多くはこのように事細かに入札条件が書かれています。

これらを興味のある案件すべて毎回毎回読んでいると非常に時間がかかりますので、今回は仕様書の見るべきポイントをお伝えします。


仕様書のどこを重点的に見ればよいのでしょうか？

とくに請求できる時期を気にしないのであれば、「入札参加資格」（実績）、「説明会の参加有無」、「提案書の提出」のこの3点を見たほうがいいでしょう。

まず、その案件の入札参加資格、もしくは必要実績を自社が満たしているかを確認してください。

せっかく一生懸命仕様書を読み込んでも、自社が入札できない案件であればその時間はまったくのムダになってしまいますので、注意が必要です。

次に、説明会への参加が必要かどうかをチェックしてください。

説明会参加必須の場合、参加していない時点で失格となります。

当たり前のことと思われるかもしれませんが、意外に見落とす方が多いのも事実です。

最後に、提案書の提出が必要かどうかをチェックしてください。

たんに見積もりを出すだけでなく、提案書まで必要となるケースがあります。

私たちもそうでしたが、初めから提案書ありの案件を進めるよりも、まずは見積もりだけで入札できる案件から始めていくことをおすすめいたします。

やはり、初めのころは入札への慣れも必要ですので、時間的な効率を考えるとシンプルな案件から始めるのがよいと思います。

仕様書を見る際には、これらをまず確認したうえで、詳細を詰めるようにしてください。

⑤売上げの最大化

ここまで来たら、ゴールはもう目の前です！

学んだことを活かして、早速入札への一歩を踏みだしましょう！

さて、ここで最後にもう一つ最後に入札成功のとっておきの秘訣をお伝えします。入札成功のためには「継続がもっとも重要」だということです。

私たちの経験上、入札を長くやればやるほどそれに比例して落札実績も上がっていくことが証明されています。

ですが、最初は意気込んで「よしやるぞ!」と思っても、だんだんと面倒になってきて、ついには入札をやめてしまう例があります。

なぜ面倒になるかというと、それは、毎日情報収集をする時間が取れないからです。けれども、ここさえクリアできればその先には必ず売上げアップが待っています。

入札情報検索システム『入札なう』を賢く使おう

では、そのためにはどうすればよいのでしょうか。

そこで、私たちが開発して入札情報検索システム『入札なう』を上手に利用していただきたいのです。

入札情報検索システムに、一度検索キーワードを登録すれば、ずっと記憶させておくことが可能なので、毎日自動で必要な情報だけが手に入ります。

たとえばタブレットPCの案件を抽出したい場合に、いろいろな検索キーワードで抽

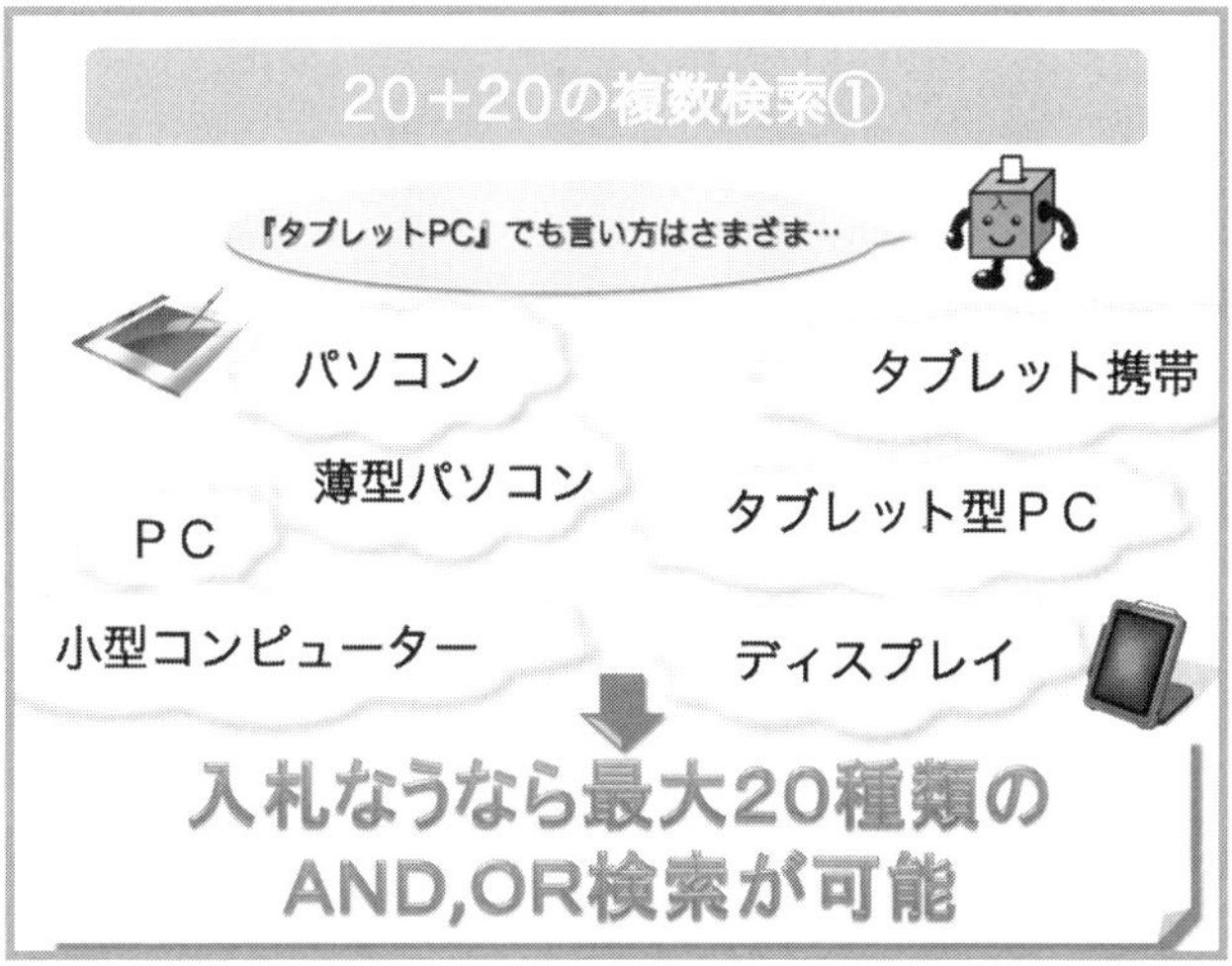

出されることが予測できます。それならば、そのすべてを一度で検索できるようにしているのが当社の情報検索システム『入札なう』です。

パソコン、薄型パソコン、ＰＣ、タブレット型ＰＣ、タブレット型携帯などなど、可能性のあるキーワードを「ＡＮＤ、ＯＲ検索」で20個まで一気に複数検索ができます。

また、検索キーワードにある一定の単語を含まないという検索の仕方も、20個まで登録できます。たとえば、調査、リサーチで検索した場合に、さまざまな調査案件が大量に抽出されますが、当社の情報検索機能では、自社に関係のないキーワードをＮＯＴ検索で

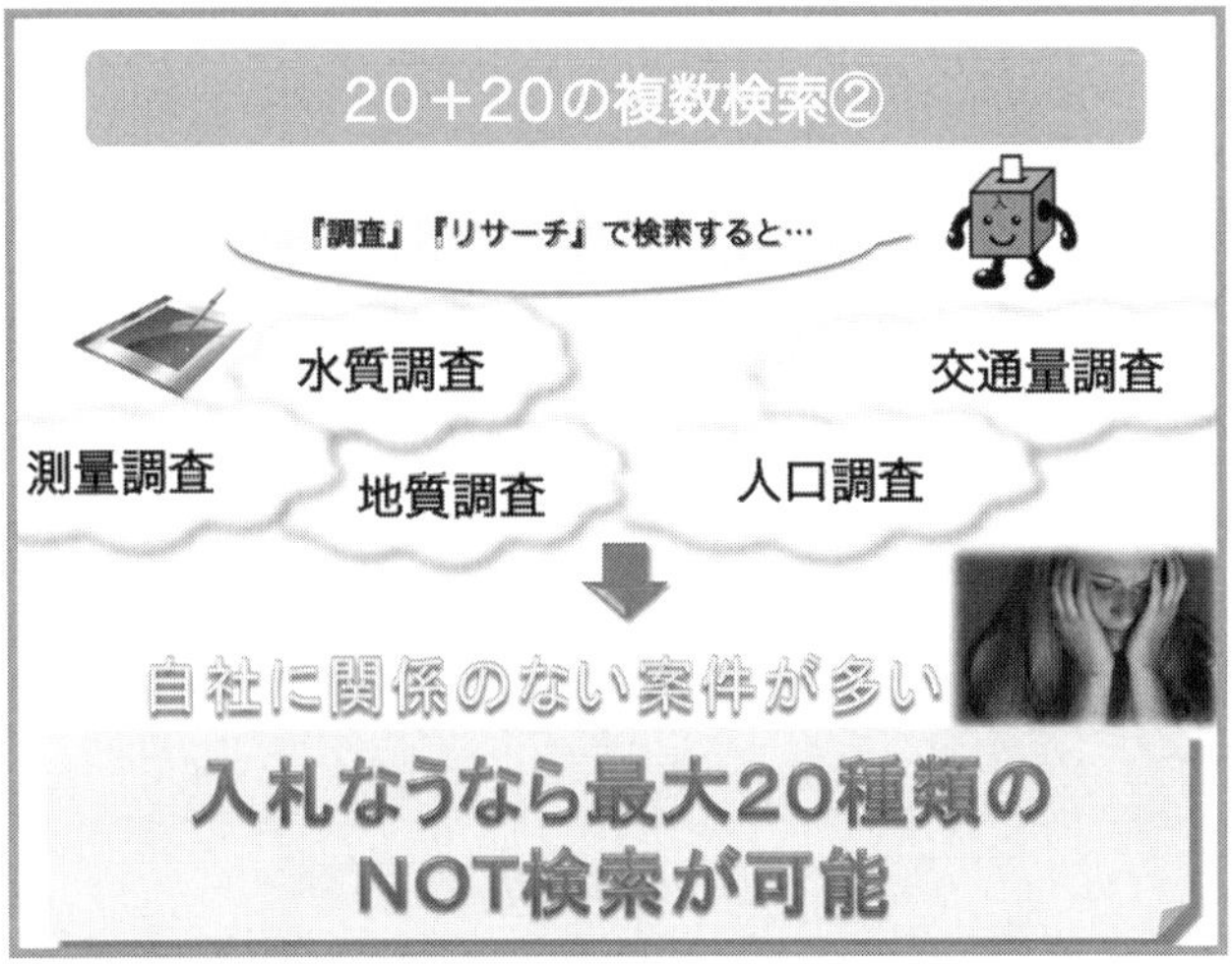

はずすことも簡単なのです。

さらに効率を上げるためにおすすめしているのがキーワード辞書をつくるというものです。

たとえば、【システム開発】や【アプリ開発】をキーワードとしたい場合に、追加でスマホ、スマートフォン、iPhone、Androidなどのキーワードをあわせることで、より自社に合う案件を探すことができます。

また、【デジタルサイネージ】であれば、小型、大型ビジョン、野外ディスプレイなどといったようなキーワード辞書をつくるとよいです。

『入札なう』でしたら、これらの検索についてAND、OR検索で20個、NOT検索で20個、合計40のキーワードを一括検索することができ非常に便利です。

この検索方法は、東京都の経営革新計画に承認されました。

また、さらに効率を上げるために、私たちは各社それぞれにマッチした案件を、毎日決まった時間にメールで配信するサービスもおこなっております。

配信されるのは毎日23時頃で、その日に公告のあった案件が配信されますので、次の日の朝には、最新の入札情報が届いている状態となります。

こちらのサービスを利用すれば、自分たちで案件を探す手間を省くことができますので、時間をかけず、さらに効率よく案件を探すことが可能となります。

1日かけて案件を探しても、情報収集できる数には限界があります。

そして、そもそも案件を探すだけで1日時間をかけているようでは、ほかの仕事は一切できませんよね。

情報検索システム『入札なう』を使わない入札は、いうなれば「Google」や「Yahoo」を使わない検索と同じとお考えください。

私たちは、たんにサービスを提供して終わりではなく、入札に成功するまで、入札成功コンサルタントが責任をもってサポートさせていただきます。

便利な機能を使いこなそう

現在、入札の調達機関は数千あり、毎日8000以上のサイトに入札情報がアップされます。それだけではなく、官報や現地の掲示板や業界新聞など、さまざまな媒体を介して、公示されます。

これをいちいち手作業で探していては、日が暮れてしまいます。そこで各社のビジネスにあった入札だけが、毎朝8時半にメールで届くのが『入札なう』のサービスです。また、昼過ぎの12時半には、同業種の落札案件もメールで届きます。

「自社にマッチした案件を」「短時間で効率よく」見つけ出し、「過去の情報を活かして」戦略を練る。そのためには『入札なう』をどのように利用すればよいのでしょう。

自社にマッチした案件を探すためには、より多くの発注機関の公示情報を見る必要があります。けれどもより多くの情報を見ようとすると、案件探しだけで1日が終わってしまいます。

多くの情報のなかから自社に合う案件を探すには、検索情報サービス『入札なう』のキーワード検索でほしい案件を抽出するのです。

「発注地域」・「カテゴリー」・「発注機関」を選択し、検索キーワード欄に自社に合ったキーワードを入力し【検索】ボタンを押すだけで、的確な案件の抽出ができます。

おにぎりとおむすびで検索した場合、それぞれ違う案件が出てくることがあるので、複数のキーワードで同時に検索できるのも便利です。

また、デザイン関係で検索しているときに、印刷案件が抽出されてしまったような場合には、「印刷」という文字を含まないという検索の仕方もできるのが特徴です。

うまく情報を抽出するコツをつかめば、何倍も効率よく入札できるようになります。

大量の情報が毎日集められ、そのなかから必要なものが毎朝自動的にメールで送られてくるので、短時間でより多くの自社に合った情報を収集できます。

「過去の情報を活かす」ことに関しても、『入札なう』は大きな力になります。

競合会社はどんな案件を落札しているのか?

また過去、同じ案件が出たときの落札金額はいくらだったか?

これらを落札情報から仕入れることで、自社が入札する案件の幅を広げることができます。また、落札金額の相場観を把握することで、戦略的に入札をおこなうことが可能となります。

過去の落札金額は、すべてが公開されているわけではありませんが、入札案件検索情報サービス『入札なう』の落札案件検索で抽出することができます。もし過去の同じ案件の落札金額が公開されていれば、それを参考にして、少し安めで見積もることもできるというわけです。

「発注地域」・「発注機関」を選択し競合他社名を入力し、開札日を設定。【検索】ボタンを押せば、過去の落札案件が出てきます。すべての情報がわからなくても抽出はできます。

さっそく「おためし」で使ってみましょう

何はともあれ、使ってみましょう。2週間のおためし期間がありますから、導入して使い勝手を確認してみればわかりやすいでしょう。

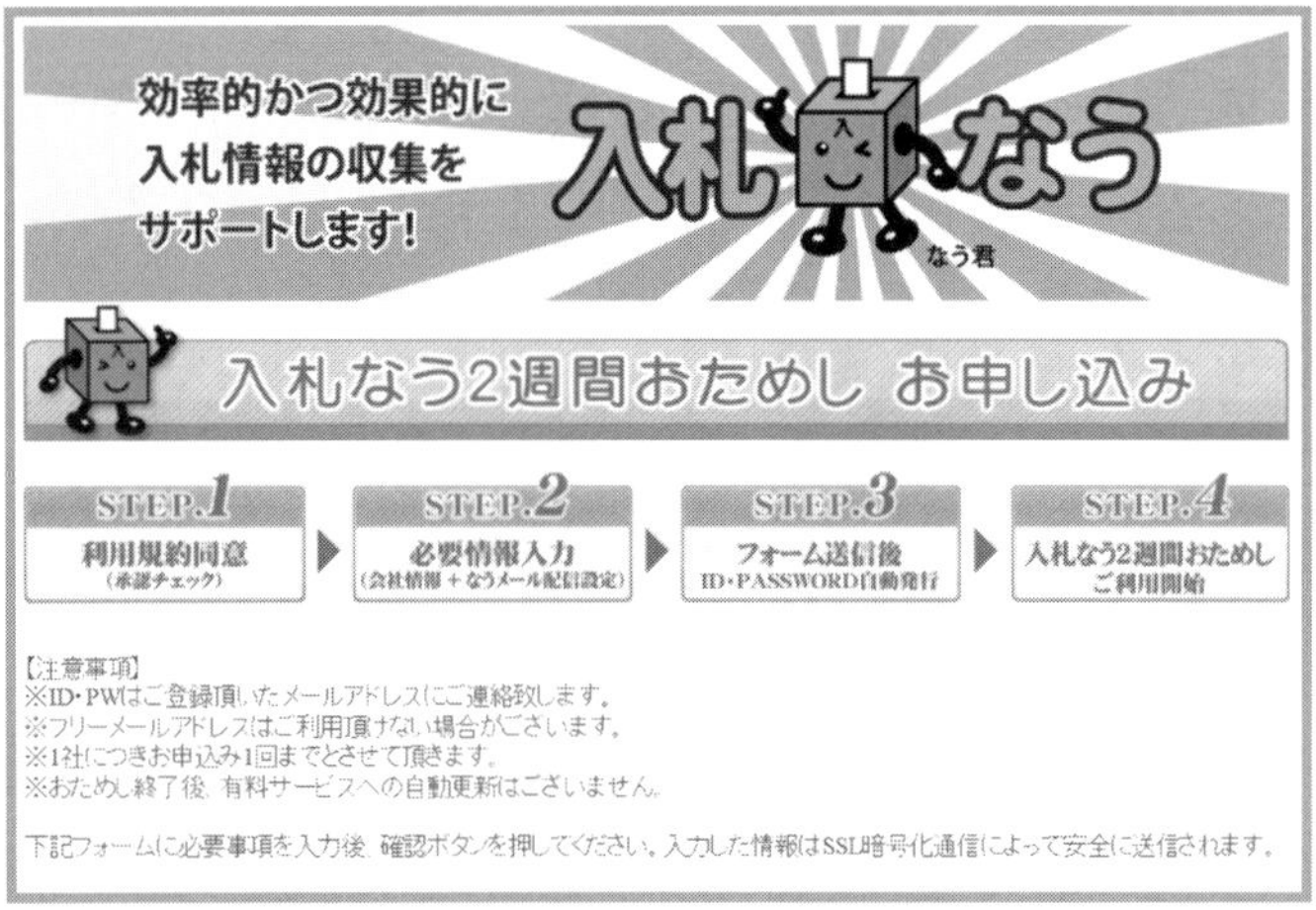

『入札なう』で検索すると、オレンジ色のサイトが出てきます。四角い箱型のキャラクター「なう君」が目印です。

「2週間無料おためし」というオレンジ色のボタンをクリックすると、会社情報入力フォームが出てきます。ここに入力して下のメールの登録もしていただくと、2週間、情報検索が使い放題ですし、また、業種業務キーワードを複数登録しておくと、毎朝最新の情報がメールで届きます。御社にピッタリの案件だけが届くので、探す手間がはぶけるというわけです。

もちろん2週間後に勝手に有料に切り替わったりはしませんので、安心しておためしください。

全国約１０００機関、合計８０００サイト以上から情報収集をしており、工事、委託、物品、役務の幅広いカテゴリーから、公告日（掲載日）当日に情報取得、データベース化していますので、翌日には取得データの検索ならびにメール配信が可能になっています。エリアの数と契約期間によって料金の設定をしています。

ログインすると、お知らせの画面が出てきますが、その右に「入札情報検索」というピンクのボタンがあります。ここをクリックすれば、写真のような検索画面が出てきます。発注地域、カテゴリー、発注機関を入力し、検索ボタンをクリックするだけでも検索はできますが、おすすめは検索キーワードを複数設定することです。

検索条件の辞書化でピンポイント入札

□を含むという枠のなかには、あなたが希望する案件の関連キーワードを入れます。

□を含まないのところには、まぎらわしいキーワードや、その業務内容を検索からはずしたい場合の条件として入れます。20単語までをスペースで連続入力できるので、類似の単語が多い場合にすべてを入れると、一気に検索できるのでとても便利です。なお、含む場合は、「全ての単語を含む」もしくは「いずれかの単語を含む」を選ぶことができるので、おおいに活用してください。

また、一度検索した条件は、名前をつけて保存をしておくことができ、いつでも呼び出すことができます。何度も検索する可能性が高ければ、保存しておくと便利です。

検索をするときにおすすめなのが、検索条件を辞書化して、保存しておくことです。

私たちが困ったのは、グーグルなどで検索しても、なかなかピンポイントでほしい案件に行き着かないことでした。

たとえば、物品のパソコンの場合だと、「パソコン　PC　コンピュータ　タブレット　モニター　キーボード」などというように、キーワードとしてあがってきそうな言葉をすべて保存しておくのです。そうすれば、検索時に楽ですし、合理的に検索ができます。

入札なう
入札情報検索
※入札なうメールの設定はおすみですか？
スマートフォンのメールアドレスを登録することで、毎朝8時30分に新着案件が届き便利です！
発注地域※
発注地域を選択
北海道,青森県,岩手県,宮城県,秋田県,山形県,福島県,茨
カテゴリー※
カテゴリーを選択
衣服・その他繊維製品類,ゴム・皮革・プラスチック製品類,窯業
発注機関※
発注機関を選択
首相官邸,内閣官房,内閣法制局,安全保障会議,人事院,内
検索キーワード
複数キーワード設定が可能です。20+20単語まで
を含む
全ての単語を含む（and）
いずれかの単語を含む（or）
を含まない
複数指定する場合は、キーワードの間にスペースを入れてください。
複数キーワード設定とは
入札種別
全て
一般競争入札
指名競争入札
登録日
2015 年 09 月 15 日 ～ 2015 年 09 月 16 日
検索条件の保存
保存名
全選択
保存
検索条件の呼び出し/削除
保存された検索条件を呼び出します。
条件名
全選択
削除
削除を押すと選択中の検索条件が削除されます。
表示件数
30 件
＊は入力必須
検索
データダウンロード
検索結果をCSV形式でダウンロードできます。
ブックマークに追加
チェックした内容をブックマークできます。
ログアウト
お知らせ＆入札セミナー情報
入札情報検索
落札情報検索
入札情報ブックマーク
入札なうメール設定
登録情報確認
入札情報リクエスト受付
47都道府県資格申請リスト
ご意見・ご要望受付
NEW 入札なうFACEBOOK
NEW 入札なうブログ
「入札なう」よくある質問
2分でわかる！簡単「入札なう」操作説明

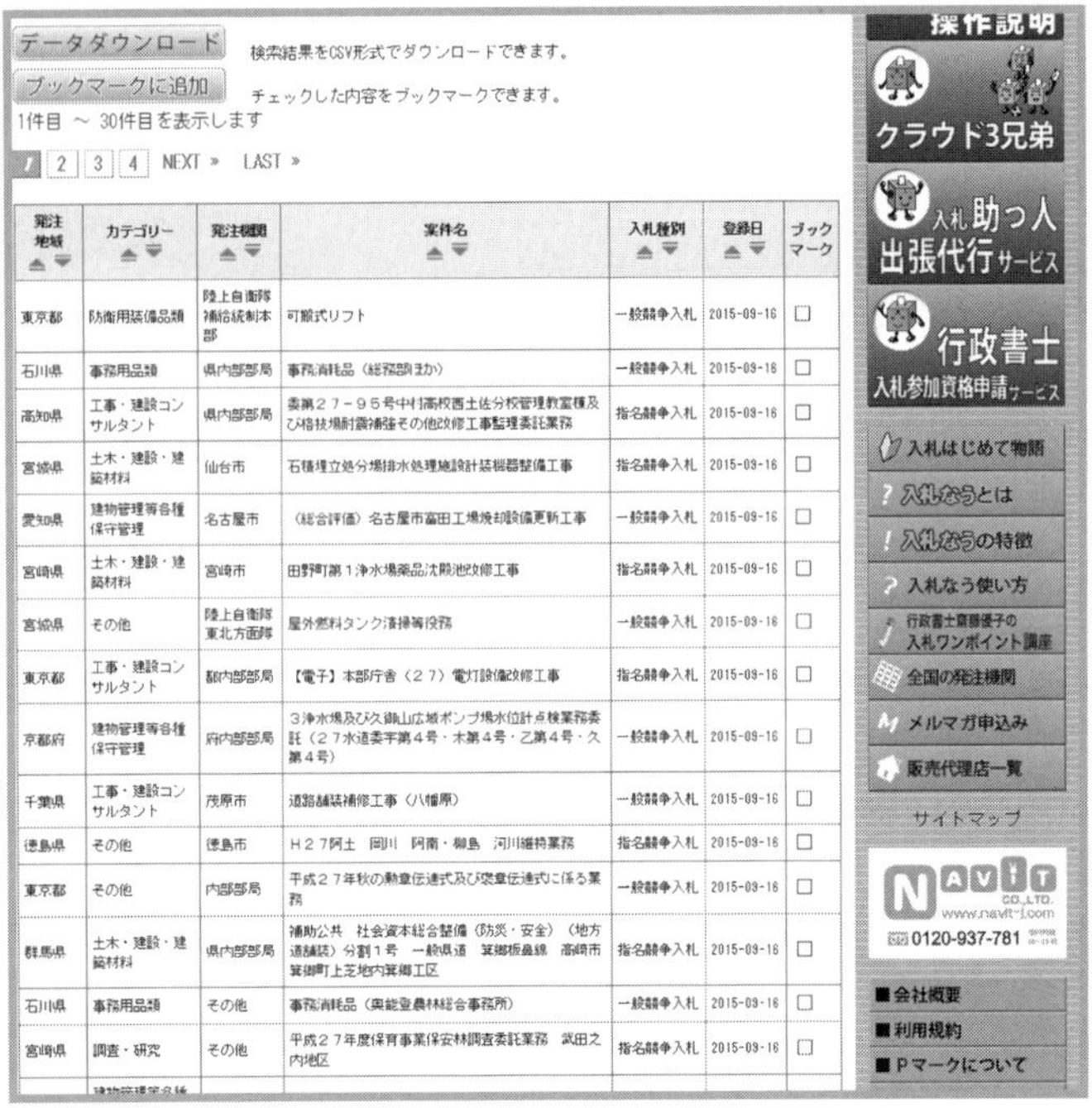

データダウンロード　検索結果をCSV形式でダウンロードできます。
ブックマークに追加　チェックした内容をブックマークできます。
1件目 ～ 30件目を表示します
1 2 3 4 NEXT » LAST »

発注地域	カテゴリー	発注機関	案件名	入札種別	登録日	ブックマーク
東京都	防衛用装備品類	陸上自衛隊補給統制本部	可搬式リフト	一般競争入札	2015-09-16	☐
石川県	事務用品類	県内部部局	事務消耗品（総務課ほか）	一般競争入札	2015-09-16	☐
高知県	工事・建設コンサルタント	県内部部局	委第２７－９５号中村高校西土佐分校管理教室棟及び格技場耐震補強その他改修工事監理委託業務	指名競争入札	2015-09-16	☐
宮城県	土木・建設・建築材料	仙台市	石積埋立処分場排水処理施設計装機器整備工事	指名競争入札	2015-09-16	☐
愛知県	建物管理等各種保守管理	名古屋市	（総合評価）名古屋市富田工場焼却設備更新工事	一般競争入札	2015-09-16	☐
宮崎県	土木・建設・建築材料	宮崎市	田野町第１浄水場薬品沈殿池改修工事	指名競争入札	2015-09-16	☐
宮城県	その他	陸上自衛隊東北方面隊	屋外燃料タンク清掃等役務	一般競争入札	2015-09-16	☐
東京都	工事・建設コンサルタント	都内部部局	【電子】本部庁舎（２７）電灯設備改修工事	指名競争入札	2015-09-16	☐
京都府	建物管理等各種保守管理	府内部部局	３浄水場及び久御山広域ポンプ場水位計点検業務委託（２７水道委宇第４号・木第４号・乙第４号・久第４号）	一般競争入札	2015-09-16	☐
千葉県	工事・建設コンサルタント	茂原市	道路舗装補修工事（八幡原）	一般競争入札	2015-09-16	☐
徳島県	その他	徳島市	Ｈ２７阿土　岡川　阿南・椿島　河川維持業務	指名競争入札	2015-09-16	☐
東京都	その他	内部部局	平成２７年秋の勲章伝達式及び褒章伝達式に係る業務	一般競争入札	2015-09-16	☐
群馬県	土木・建設・建築材料	県内部部局	補助公共　社会資本総合整備（防災・安全）（地方道舗装）分割１号　一般県道　箕郷板鼻線　高崎市箕郷町上芝地内箕郷工区	指名競争入札	2015-09-16	☐
石川県	事務用品類	その他	事務消耗品（奥能登農林総合事務所）	一般競争入札	2015-09-16	☐
宮崎県	調査・研究	その他	平成２７年度保育事業保安林調査委託業務　武田之内地区	指名競争入札	2015-09-16	☐

『入札なう』では、その言葉を含む言葉も、含まない言葉も、ともに20キーワード一気に検索できますので、ピンポイントで入札案件を探すのには便利です。

入札情報は上のように表示されます。表示の順番は、三角が降順、逆三角が昇順で並べ替えができます。

また、気になる案件はブックマークにチェックを入れておくと、すぐに取り出せて便利です。

入札にまつわるすべての業務をお手伝い

一つの入札案件を落札し、納品するまでにはさまざまな業務が発生します。

入札に参入することで、自社に素晴らしい可能性が広がっていくことを理解しながらも、「やっぱりお役所相手は手続きも大変だろうな」と躊躇する方もいるかもしれません。

でも、面倒な手続きや業務は、人に任せることができます。

私たち「ナビット」は、入札にかかわるあらゆる段階で、面倒な手続きを軽減し、ビジネスに専念していただくためのサポート体制を作り上げてきました。


最初のハードル「入札の資格審査」では、「入札資格申請代行サービス」をおこなっています。当社と契約した全国の行政書士のネットワークが、全面的にサポートします。

もちろん、それぞれの専属行政書士でも同様の業務を請け負うことはできるでしょう。

しかし、行政書士にも得意分野があるのは事実です。入札に詳しい私たちの行政書士ネットワークを利用すれば、入札ビジネスをさらに広げるアドバイスができることでしょう。

次のハードルとなる業務は仕様書の入手です。

最近では、仕様書がサイトからダウンロードできる案件も増えてきていますが、まだ説明会に参加しないと仕様書がもらえない案件も多いのです。そのような際、私たちの「入札助っ人出張代行サービス」を利用すれば、5万8000人の地域特派員のネットワークが効率よく仕様書を獲得してきます。

いよいよ入札という段階では、私たちの「入札成功セミナー」が、落札に直結する実践的な指南を提供しています。どの地域からでもみれるオンラインセミナーも開催しています。興味を持たれたら、『入札なう』のサイトから検索してみてください。

まったく新しい挑戦をするとき、誰かがアドバイスしてくれることほど心強いことはありません。そんなサポーターとして私たちのサービスを便利に使っていただければ幸いです。

あとがき

入札で日本の中小企業を元気に！

経済産業省の調査によれば、日本の全企業の99・7パーセントが中小企業といいます。中小企業が元気になれば、日本の経済も元気になるといわれて久しく、国も自治体も、幾度となく振興策を掲げてきました。それでも、町の商店街も小さな会社も、どの会社もそれぞれに苦しい経営を抱える現状はなかなか改善されません。

そんななか、くどいようですが、二十兆円の規模を擁する巨大市場が国内に存在するのです。

この市場には、身近な日用品から宇宙開発の最新技術まで、ありとあらゆるものが流通しています。まるで日本という過密な経済圏のなかにもう一つ、小さな経済圏がぽっかり浮かんでいる。そんなイメージすら湧いてきます。それに気がついている人はまだわずか。

しかし、この巨大な市場にいち早く注目して、積極的に参入している中小企業が少しずつ増えているのです。

私たち「ナビット」もそういう小さな会社の一つでした。入札に挑戦したことで、価格への競争力がつき、骨太の会社になったと感じています。

日本の中小企業が元気になるには、入札に参加することが必須だと私は感じています。入札案件のなかには、中小企業に積極的に落札させることを目標にしているものも少なくありません。

ここには、それぞれの企業がその特質を発揮して活躍する場があります。新しいビジネスのヒントもあります。

入札案件のなかで、同じプロジェクトにかかわる仲間が見つかるかもしれません。自分のビジネスの可能性を、さまざまな方法で試す場が用意されているかもしれません。

この豊かな市場には、まだまだたくさんの中小企業を迎え入れるゆとりがあります。私たちはぜひ、皆さんにもこの市場に飛び込んできていただきたいと願っています。

「入札に参加すると、たしかに売上げにはなるけど、なかなか利益が取れないんだよね」そんな声を聞くことがあります。でも、どんな不況でも仕事の発注はつねにあります。

最初は大きな利益にならなくても、だんだん安定した売上げになっていくこともあります。

入札に成功していく会社には一つの特徴があります。それは、自社の明確な「売り」を持っていることです。作業ベースではなく、自社のノウハウをプラスして提案していける、攻めの姿勢を持った会社が強みを発揮します。

最初からそんな力をもった会社ばかりではなかったはずです。きっといくつもの入札で試行錯誤を繰り返すなか、あきらめずに継続しつつ力をつけていったに違いありません。


こんな数字もあります。入札を始めた事業者の80パーセントが、わずか2年の間に落札を果たしているのです。1年以内でも半数の企業が落札に成功しています。

まずは2年、がんばってみてください。

その間に、きっとあなたの会社、あなたのビジネスは少しずつ体力をつけ、やがて自社の売りが明らかになってくるはずです。ノウハウを積み重ねていけば、必ず新たな展開が見えてくるはずです。

皆さまのさらなるご発展をこころよりお祈りします。

また、セミナーや入札会場でお会いしましょう。

おにぎりからダムまで
20兆円《ちょうえん》の入札《にゅうさつ》ビジネス

著　者　福井泰代《ふくいやすよ》

発行所　株式会社　二見書房

〒101-8405
東京都千代田区三崎町2-18-11 堀内三崎町ビル
電話　03(3515)2311［営業］
　　　03(3515)2313［編集］
振替　00170-4-2639

印刷所　株式会社　堀内印刷所
製本所　株式会社　村上製本所

出版プロデュース……………株式会社天才工場　吉田 浩
編集協力…………………………小林真美・中北久美子
マンガ……………………………松野 実
ブックデザイン
DTP組版・図版…………………谷口純平

ISBN978-4-576-15149-6
http://www.futami.co.jp